El Despertar de la Conciencia

Sabiduría dictada por Ángeles

El Despertar de la Conciencia

Sabiduría dictada por Ángeles

Martha Cervantes

 Aqua Ediciones

Título de la obra: *El despertar de la conciencia*

Derechos Reservados © 2015 Martha Cervantes
y Aqua Ediciones, S.A. de C.V.

Tercera edición, enero de 2016
Cuidado editorial y del diseño del libro: Berta Álvarez
Formación tipográfica: Liliana Moreno
Diseño de portada: Maximiliano Hernández
Comercialización y ventas: Iván Colmenares Álvarez

Socio de la Cámara Nacional de Industria Editorial Mexicana No. 3775
www.aquaediciones.com

Ficha bibliográfica:
Cervantes, Martha
El despertar de la conciencia
216 pág. de 16 x 22 cm
ISBN: 978-607-9316-65-5
Aqua Ediciones, S.A. de C.V.

Registro público
Impreso y hecho en México
Printed and made in Mexico

Agradecimientos

Con mi más profundo amor, agradezco a DIOS, a mi Ser Superior, a los Arcángeles y a los Ángeles de los Rayos toda la Sabiduría que transmiten a la humanidad, a través de mí.

Con mi más profundo amor, agradezco a mis amados Padres, a mi amado esposo David, a mis amadas hijas Diana y Pamela, a mis yernos Arturo y Devadip y a mis amados nietos Regina, Santiago, Renée y a los que vienen en camino y a todas las personas que han intervenido en mi evolución, por toda su comprensión, paciencia y amor.

Índice

CAPÍTULO IV

Ángeles del Rayo Rosa

CAPÍTULO V

Ángeles del Rayo Verde

Prólogo

El Despertar de la Conciencia. Sabiduría dictada por Ángeles, de Martha Cervantes, es una obra en verdad excepcional por su originalidad y calidad literaria. Dotada de un estilo ameno que capta nuestra atención desde sus primeras páginas, la lectura del libro nos va adentrando sobre cuestiones muy complejas, pero expuestas con gran concisión y sencillez.

Paso a paso, la autora va explicando una auténtica cosmogonía que abarca los más diversos temas; como un profundo análisis de la naturaleza humana y de su conexión con algunos de los seres superiores que moran en otras dimensiones.

Ahora bien, a mi juicio lo más valioso de esta obra no es tan sólo que en ella se sustenta una elevada cosmovisión, sino el hecho de que se parte de ésta para proporcionar toda una serie de procedimientos de autosanación, así como de pragmáticas medidas que de aplicarse en nuestra vida cotidiana, harán de ella un incesante avance en el camino de la superación personal.

Los libros son un reflejo de la personalidad del autor, por lo que a través de ellos podemos conocer en buena medida la forma de ser de quien los escribe. En este caso, creo que las dos características más sobresalientes de la autora, que se reflejan en cada uno de los temas que trata, son una elevada espiritualidad y un sincero afán de colaborar con sus semejantes en la misión de lograr una ampliación de conciencia.

La aparición de este libro constituye una prueba más de cuál es el signo principal de nuestros tiempos: **El retorno de lo sagrado**. Cualquier observador imparcial puede percatarse de que junto a las múltiples señales la humanidad ha llegado al final de una **Era**, con su consiguiente derrumbe de toda clase de estructuras e instituciones del pasado, se está produciendo simultáneamente el inicio de una nueva **Edad Histórica**, caracterizada por la búsqueda de una espiritualidad ecuménica, que tiende a lograr una auténtica mutación de la conciencia de la especie humana.

"El Despertar de la Conciencia. Sabiduría dictada por Ángeles" de Martha Cervantes, pertenece a ese selecto grupo de libros cuya lectura propicia, en la inmensa mayoría de sus lectores, tan honda impresión que modifica para siempre su forma de pensar y de valorar la realidad.

Espero que esta obra tenga la difusión que por su gran calidad se merece.

Antonio Velasco Piña

Introducción

Los Seres Humanos siempre nos hemos preguntado ¿quiénes somos? ¿qué hacemos en este planeta? ¿por qué unos viven cierto tipo de experiencias y otros vivimos otras? ¿por qué a unos les va bien y a otros no? La respuesta la encontramos en este libro. La Verdad Absoluta está basada en las Leyes de la Naturaleza, las cuales son inmovibles, invisibles, inviolables, incambiables, pero sí comprobables. Su funcionamiento fue creado por EL TODO para todo el Universo de forma absoluta y nosotros funcionamos con relación a ellas a través de los pensamientos.

Todo lo que creemos los Seres Humanos acerca de nosotros mismos, de los demás y de la Vida se convierte en nuestra verdad personal, en nuestra realidad, cada uno de nosotros hace su propia verdad, una verdad individual. Mi verdad es una verdad a medias, es una verdad creada por mí mismo, a través de mi historia personal, mis experiencias de vida, mis creencias, mi forma de pensar, mi cultura, mi manera de percibir el mundo. Esta verdad no es la misma para otra persona, porque ella tiene su propia verdad, tiene su propia historia.

El conocimiento y aplicación, de forma conciente, del funcionamiento de las Leyes y de nuestros pensamientos, nos lleva a elegir, controlar y crear nuestra propia verdad, nuestra propia historia, nuestra realidad personal. Cambiando de esta manera nuestra forma de vida, realizando todo lo que hemos deseado y sobre todo aprendiendo a ser mejores Seres Humanos, para nosotros mismos y para los demás. Podemos crear un mundo mejor, lleno de amor; armonía; paz; salud física, mental y emocional y con un equilibrio económico. Una mejor vida para todos.

Aquellos que conocen el funcionamiento de las Leyes de la Naturaleza y lo utilizan a su favor hacen magia en su vida.

Los siete Arcángeles nos guían a través de los siete Ángeles de los Rayos, las siete Leyes de la Naturaleza, las siete Mentes y las siete Conciencias.

La autora dice que este libro le fue dictado por Ángeles, con los cuales tiene contacto desde hace años y le fueron proporcionando los conocimientos aquí plasmados. Nos recomienda leerlo de forma corrida, para tener una idea global de su contenido y después volver a comenzar e ir realizando cada una de las técnicas, en la secuencia en que están presentadas, con lo cual se hace la transformación en nuestras vidas.

Capítulo I

ÁNGELES DEL

Rayo Violeta

*A los Ángeles del Rayo Violeta, nos precede el Arcángel Zadquiel,
nuestra Misión es ayudar a los Seres
Humanos a Transmutar su energía, ésta es cambiar la energía negativa
a positiva, llámenos tres veces con nuestro nombre completo –Ángeles
del Rayo Violeta- y en ese instante estamos con ustedes. Los amamos y
bendecimos, amén.*

¿Saben lo que significa amén? Significa ¡está hecho!

· · 15 · ·

Ley de los contrarios

Esta ley manifiesta que todos los seres vivos y las cosas materiales están formados por dos polos negativo y positivo, todo en el Universo tiene ambos polos.

Mente consciente

Es la Mente racional –intelecto- esta mente decodifica los pensamientos y ustedes tienen la capacidad de escucharlos en su cabeza, como ideas construidas por palabras. Esta mente se encuentra en el hemisferio izquierdo de su cerebro.

Los Seres Humanos tienen siete mentes, como herramientas de ayuda, para su evolución y cada una de ellas se conecta con una conciencia, en cada capítulo se describe la mente que le corresponde, sin embargo a continuación les mostramos la ubicación que tienen en sus cuerpos físicos.

La figura no. 1 muestra las siete mentes.

Conciencia mental y emocional

a) La Conciencia Mental es darse cuenta en tiempo presente en qué polo se encuentran sus pensamientos positivo o negativo.

b) La Conciencia Emocional es saber a cada momento qué emoción están viviendo, negativa o positiva.

1.- ¿Cómo funcionan como seres humanos a través de los pensamientos?

Las experiencias individuales de cada ser humano se construyen por su forma de pensar: si es positiva, entonces sus experiencias son positivas; si al contrario si es negativa, sus experiencias son negativas. Ejemplos: si piensan que la vida es bella, su vida es bella; sin embargo, si piensan que es complicada, su vida es complicada.

El pensamiento es un enlace entre la Sabiduría del Universo y sus experiencias como Seres Humanos, en otras palabras ustedes son lo que piensan.

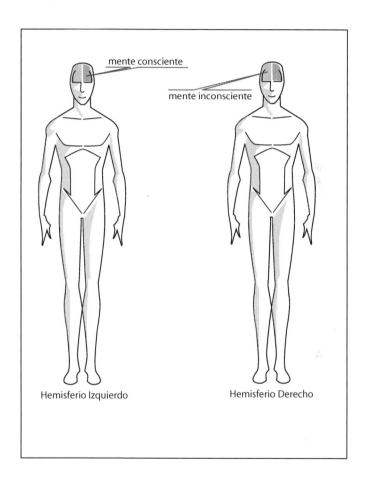

mente consciente

mente inconsciente

Hemisferio Izquierdo

Hemisferio Derecho

_____
FIGURA 1a
_____

· · 17 · ·

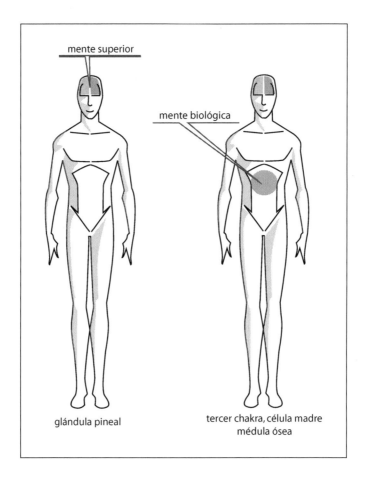

mente superior

mente biológica

glándula pineal

tercer chakra, célula madre
médula ósea

FIGURA 1b

•• 18 ••

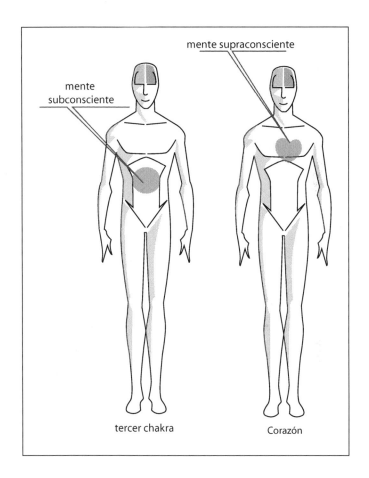

mente supraconsciente

mente
subconsciente

tercer chakra   Corazón

FIGURA 1c

• • 19 • •

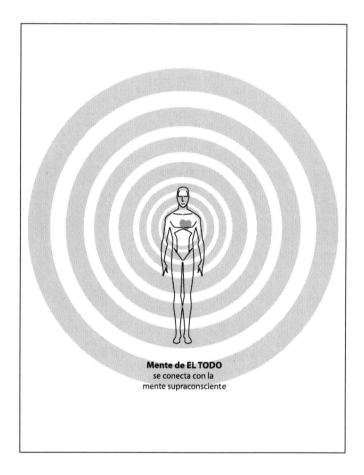

FIGURA 1d

DESPERTAR DE LA CONCIENCIA 28 de octubre.indd 20   05/11/2015 07:47:44 p. m.

Los pensamientos son energía codificada que se decodifica en el cerebro, éste tiene dos hemisferios, el izquierdo que contiene su historia de vida, la memoria racional, -el intelecto- allí está el decodificador de pensamientos que convierte a éstos en palabras -en un lenguaje específico dependiendo del lugar donde se desarrollaron- creando ideas con las que identifican las situaciones o experiencias pasadas, presentes o futuras. El hemisferio derecho contiene la memoria emocional.

Los pensamientos se construyen de la siguiente forma:

a) Tiempo presente: en el Universo sólo existe el aquí y ahora, el tiempo presente significa un regalo del eterno momento, el pasado ya pasó y también fue presente, el futuro no existe, nadie ha experimentado vivir en el futuro, siempre se construyen futuros presentes, por lo tanto todo pensamiento que se hace en tiempo presente se manifiesta en sus vidas como un hecho, una experiencia, sus pensamientos de ayer en tiempo presente, son sus experiencias de hoy, sus pensamientos de hoy en tiempo presente son sus experiencias de mañana -sus futuros presentes.

Ejemplos: si piensan en tiempo presente yo soy amor, fe sabiduría, salud perfecta, eso es lo que viven como experiencia. Sin embargo, si piensan en tiempo pasado fui un amor, tuve fe, fue sabio, yo estaba sano, eso se queda en el pasado cuando lo vivieron. Quizá piensen en tiempo futuro, cuando tenga amor; necesitaré fe; algún día tendré sabiduría; cuando me cure; etc. como es futuro se convierte en una experiencia que no tendrán, porque el futuro no existe.

b) Afirmativo: es importante afirmar lo que desean para que se manifieste en sus vidas, dar por hecho que eso que piensan es real.

Las afirmaciones positivas se manifiestan como reales en positivo, como: recuerda traer los boletos, esa persona lo recuerda y lo hace. Si éstas son en negativo se vuelven reales en negativo, como: siempre se te olvidan las cosas, es seguro que se le olviden todas las cosas.

c) Primera persona: existe una clave maravillosa que incluye el tiempo presente, afirmativo y primera persona y es «YO SOY», el yo soy es igual a nivel energético que tú eres, él es, ella es, ellos son, ellas son, ustedes son, nosotros somos y todos los pronombres. Cuando piensan en cualquiera de

El despertar de la conciencia

ellos simplemente están diciendo "YO SOY" todo lo que piensan acerca de los demás, de la Vida y de sí mismos se convierte en su realidad.

Ejemplos: que tonto soy, están diciendo yo soy tonto; qué tonto eres, están teniendo como experiencia dentro de ustedes lo tonto que es la otra persona, se pueden dar cuenta que lo que piensan de otros lo viven ustedes dentro de su propio cuerpo físico.

La construcción de sus futuros presentes depende de la forma que piensan, sólo cada uno de ustedes crea su propia realidad.

La figura no. 2 muestra la construcción de sus futuros presentes.

Recuerden que sus pensamientos de ayer –pasado presente- son sus experiencias de hoy –presente- y que sus pensamientos de hoy son sus experiencias de mañana –futuros presentes.

Si desean cambiar sus experiencias de vida, es importante cambiar su forma de pensar, por ejemplo: si piensas «no tengo amor» como es en tiempo presente, afirmativo y primera persona con el agregado en negativo, se convierte en una continuidad de vida de no tener amor, para hacer el cambio es importante que a partir de hoy el pensamiento sea en positivo, siempre tengo amor y éste se manifiesta en sus experiencias futuras presentes: como el siempre tener amor.

A la mayoría de ustedes les resulta difícil iniciar un pensamiento positivo cuando se encuentran en una experiencia presente en negativo, les recordamos que lo que piensen el día de hoy está formando sus futuros presentes y que lo que están viviendo hoy viene de sus pensamientos que tuvieron en el pasado presente, los cuales formaron su presente.

Ejemplos:

El día de hoy una persona se despierta pensando que nadie la quiere, esta experiencia de no sentirse amada la generó en su pasado presente. Por medio de sus pensamientos de no sentirse amada y se la pasa pensando todo el día de hoy "nadie la quiere" con este pensamiento negativo está creando sus futuros presentes, dando una continuidad de experiencia de falta de amor en su vida. Si ustedes aún cuando están viviendo hoy una experiencia negativa como sentir que nadie los ama e inician un pensamiento positivo como me amo a mí mismo y todos me aman, éste se manifiesta como una realidad en sus futuros presentes, porque

DESPERTAR DE LA CONCIENCIA 28 de octubre.indd   22   05/11/2015   07:47:44 p. m.

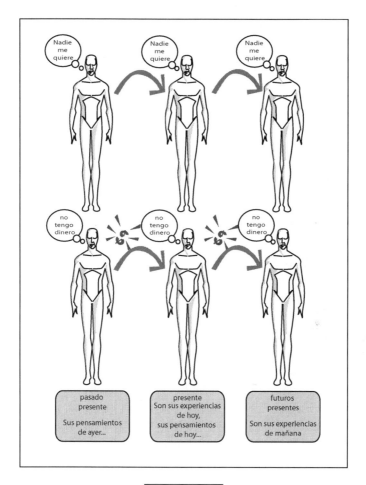

FIGURA 2a

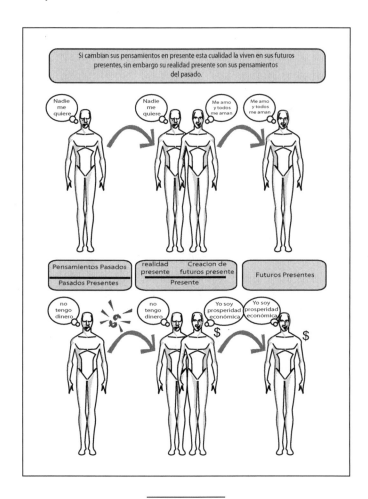

FIGURA 2b

•• 24 ••

el hoy se convierte en ayer y lo que están haciendo con el nuevo pensamiento es construir las nuevas experiencias para sus futuros presentes. Es importante cambiar hoy el pensamiento si desean tener una experiencia diferente mañana (en sus futuros presentes). Muchos de ustedes creen que cómo pueden pensar en positivo si su realidad presente es diferente, piensan que se están engañando, sin embargo consideren y háganle saber a su mente que lo que están pensando en forma positiva es para su realidad de sus experiencias de sus futuros presentes.

Lo mismo sucede cuando se enferman, ustedes afirman que están enfermos, ese pensamiento les da una continuidad de estar enfermos, cuando en su mente afirman que se están aliviando, entonces comienzan a experimentar mejoría, hasta que afirman que están sanos, se manifiesta en su futuro presente la salud.

1.1.- Existen tres realidades

a) Personal: ésta se forma con lo que creen o piensan acerca de sí mismos, de los demás y de la vida en general. Si piensan que son inteligentes, viven una realidad de inteligencia, por el contrario si se creen tontos su realidad se manifiesta con experiencias en las que se comportan como tontos. Si creen que una persona es agresiva o grosera, ésta se comporta con ustedes como agresiva o grosera. Si creen que la Vida es complicada, tienen experiencias que les confirman que la Vida es complicada.

b) Colectiva: ésta realidad es todo aquello que está sucediendo en su planeta, en todos los aspectos generales: como guerra, hambre, violencia, inseguridad, pobreza, etc. lo anterior es una realidad colectiva pero no es una realidad personal, porque no es guerra, hambre, violencia, inseguridad, pobreza, etc. para todos. En ocasiones aún cuando no sea esa su experiencia se comportan como si lo fuera, al juzgar lo que está sucediendo o al sentir dolor o emociones negativas por esas situaciones en el mundo. Pueden decidir incluirse en la realidad colectiva y vivirla como suya, como una realidad personal, o saber que es una realidad colectiva y vivir su propia realidad personal y ayudar a la colectiva con oraciones desde afuera. Ustedes eligen sus experiencias de vida a través de sus pensamientos.

c) Leyes de la naturaleza: está formada por siete leyes, las cuales se presentan en este Tratado de Ángeles, éstas son totalmente inflexibles, inmo-

El despertar de la conciencia

vibles e inviolables, fueron diseñadas para formar la creación del Universo, de ustedes, de nosotros y de muchos más. Somos parte del Universo y ustedes funcionan con relación a ellas a partir de sus pensamientos. Aquellas personas que conocen, aplican y respetan las leyes crean magia en sus vidas, construyen lo que desean y adquieren una mejor calidad de vida y de realidad personal.

1.2.- El lenguaje

El lenguaje es el aspecto más importante del Ser Humano, gracias a éste se pueden comunicar. Tienen diferentes formas de comunicación como: el lenguaje corporal -gestos y movimientos del cuerpo- su cuerpo comunica sus estados emocionales, los cuales son captados por otras personas aún sin darse cuenta. En ocasiones le preguntan a una persona que si está enojada, ella hace un ademán con la cabeza diciendo que no y sin embargo sus gestos y su cuerpo está diciéndoles que sí. Otra forma de comunicación es el lenguaje verbal, la misma pregunta: ¿estás enojado? les contesta en forma verbal ¡qué no! sin embargo su tono de voz les indica que sí. Otra forma de comunicación es por medio de símbolos o signos, hablemos de las letras. Gracias a esta última forma pueden conocer la historia de sus antepasados, cómo vivieron, qué pensaban, qué hicieron, quiénes fueron. No todo lo escrito es una realidad absoluta, siempre es una descripción e interpretación de quien la escribió. Por lo tanto ustedes son una continuidad de creencias pasadas presentes al haberse formado una cultura con todas sus implicaciones y ustedes aceptarla como una realidad, tanto en costumbres, como forma de pensar e incluso religión o moral. Lo importante es lo que ustedes elijan para sus futuros presentes, si les funcionan en su realidad personal, esas creencias o formas de pensar en su vida diaria, con las cuales se sienten plenos y felices, entonces continúen con ellas. Pero si por el contrario si su vida diaria es de sentimientos negativos como infelicidad y experiencias negativas continuas, cambien esas creencias y formas de pensar por unas que los lleven a ser plenos y felices.

1.3.- Barreras en el lenguaje

a) ¿Su lenguaje lo usan a su favor o en su contra? A su favor es cuando tienen pensamientos positivos y como resultado experiencias positivas, por ejemplo: yo soy una persona inteligente, sana, feliz, próspera económi-

•• 26 ••

camente, etc. de esa forma viven día a día. ¿Qué es usar el lenguaje en su contra? tener pensamientos negativos y como resultado experiencias de vida negativas, por ejemplo: estoy desempleado porque soy un tonto, por esa causa estoy enfermo y deprimido. Lo anterior es su experiencia día a día. Hasta que cambian su forma de pensar y su lenguaje.

b) En ocasiones no se dan cuenta que sus experiencias negativas pasadas, las hablan o piensan en tiempo presente, dando continuidad a esas experiencias que ya no quieren volver a vivir. Ejemplo: el día de ayer una persona se comportó muy agresiva con otra persona y ésta última le cuenta a otra el día de hoy que tal persona es una grosera y agresiva. El tiempo en el que está hablando es en presente, pero ¿cuándo sucedió la experiencia? ¡ayer! entonces ¿por qué habla en presente? ¡por cultura de lenguaje! así aprendieron a pensar y a hablar, el hacerlo le da una continuidad de la misma experiencia de agresión en sus futuros presentes con esa persona.

c) A veces hablan o piensan en forma positiva pero haciendo una negación, ejemplo: no olvides la tarea, eso es positivo, sin embargo la experiencia es en negativo, ¿por qué? porque al hacer una negación de algo positivo, se va al polo negativo, recuerden que sólo existen dos polos negativo y positivo, si desean una experiencia positiva, entonces pueden decir: recuerda llevar o traer la tarea y ésta se manifiesta como un hecho, sí lleva la tarea.

Demos más ejemplos de este lenguaje y cambiémoslos a positivo.

Positivo con Negación	Positivo
No corro peligro	Estoy seguro
No estoy enfermo	Estoy sano
No tengo problemas	Estoy fluyendo
No estoy triste	Yo estoy alegre
Nunca me falta el dinero	Siempre tengo dinero
Jamás repruebo un examen	Siempre paso mis exámenes

Los adverbios no, nunca y jamás utilizados en pensamientos positivos, siempre los lleva a tener experiencias negativas ¿ustedes conocen personas que son buenas personas? pero su vida está llena de experiencias de desgracia e infelicidad, bueno eso es porque su forma de lenguaje es o en negativo o en positivo con negación. La Ley de los Contrarios es manifestada como una realidad a través de sus pensamientos sin importar lo buenos que sean en su corazón, ustedes funcionan a través de todo lo que piensan, desean una vida feliz, entonces construyan sus futuros presentes con pensamientos en tiempo presente, afirmativo, primera persona y positivo, elijan lo mejor para ustedes por medio de sus pensamientos.

d) Otra barrera en su lenguaje es el siguiente paradigma: TENER-HA-CER-SER por cultura están acostumbrados a creer que necesitan primero tener cualquier cosa como: amor, salud, una carrera, una pareja, un empleo, dinero, etc. para después hacer lo relacionado con cada tema y alcanzar por último el Ser.

Por lo general el Ser que quieren alcanzar es ser feliz, en primer lugar la felicidad no es una meta, un lugar o un camino, la felicidad es un estado mental momentáneo producido por sus estados de ánimo, pueden ser felices en cualquier momento, sin tener amor, salud, una carrera, un empleo, una pareja o dinero, creen que el tener lo anterior o muchas otras cosas los va a ser felices ¡no! la felicidad no es consecuencia de tener algo, lo que deseen tener es consecuencia del Ser. Si ustedes rompen el paradigma y lo cambian a SER-HACER-TENER, entonces comienzan a crear lo que desean tener, ejemplo: si desean tener amor, comiencen con el Ser «yo soy amor» de esa forma realicen todo lo que hagan como si fueran amor, compórtense como si lo tuvieran y como consecuencia de sus actitudes, comportamientos, conductas, acciones, etc. la Vida les traerá a su vida amor, también es aplicable a todos los aspectos de su vida como, fe, sabiduría, salud, alegría, relaciones armoniosas, dinero, etc. Comportarse como si lo fueran es pensar, hablar y actuar en positivo todo el tiempo, de esta forma la mente cree que es real y traerá para ustedes todo lo que desean tener.

e) La incongruencia es otra barrera en el lenguaje, piensan en una cosa, dicen otra y hacen otra, de esta forma el resultado que deseen siempre es diferente. Ejemplo de una persona que decide ser generosa:

Incongruencia.
Piensan: yo soy generoso.
Dicen: siempre es importante saber a quién le das.
Hacen: no le dan dinero al limpia vidrios porque lo usa para comprar droga.

Congruencia
Piensan: yo soy generoso.
Dicen: yo soy generoso.
Hacen: le dan dinero al limpia vidrios porque son generosos, sin importar lo que él haga con el dinero.

Cuando deseen cambiar una cualidad en ustedes es importante ser congruente y sobre todo el comportarse como si lo fueran, para que su mente lo registre como real. El limpia vidrios tomará sus propias decisiones inconscientes o conscientes de que hacer con el dinero. Lo importante no es lo que él hace, sino quién son ustedes en realidad. Recuerden que están generando sus futuros presentes y la congruencia conlleva la práctica de lo que eligen ser.

f) El lenguaje en negativo siempre es una barrera para obtener lo que realmente desean, cambien su forma de pensar a positivo. En ocasiones utilizan resistencias como: no puedo, no sé, si ellos me rechazan ¿y si fracaso? es demasiado tarde, qué difícil, no me quieren, todos sus pensamientos negativos o positivos se manifiestan en experiencias.

Las barreras del lenguaje son formas que bloquean lo que realmente desean. Si realmente desean algo, aprendan a construir sus pensamientos a su favor, háganlo en primera persona «yo soy» tiempo presente, afirmativo y siempre en positivo.

2.- ¿Qué son las emociones, su función y manejo?

Las emociones son descargas de energía, provocadas por cada pensamiento que tienen, cuando un pensamiento se decodifica en su cerebro, se forman ideas en su mente y éstas producen una descarga de energía positiva o negativa, dependiendo de sus ideas positivas o negativas, en su sistema nervioso dorsal, produciendo en el área a la altura del estómago sensaciones agradables o desagradables, ustedes les llaman emociones, son cuatro las grandes emociones negativas: la culpa, el miedo, la tristeza y el enojo, de éstas se desprenden los sentimientos que perciben en otras partes del cuerpo físico: el miedo se identifica en la boca del estómago; el enojo en el hígado; la tristeza en el páncreas y la culpa en el área de la espalda, a la altura del estómago, en el sistema nervioso simpático. Por supuesto ahí están también las positivas: la toma de decisiones, el autoestima alta, el sentirse protegidos, seguros «contrarios al miedo» está en el estómago; la aceptación de sí mismos, de los demás y de la Vida tal y como son «contrarias al enojo» están en el hígado; la alegría «contraria a la tristeza» está en el páncreas y la aceptación de las experiencias tal y como fueron o son «contraria a la culpa» están en la espalda. Si se dan cuenta todas las emociones son generadas dentro de ustedes, por lo que cada emoción que tienen la generaron a través de cada pensamiento, hacerse responsables de sus emociones les ayuda a tener mejores relaciones con todo lo que los rodea. Nadie los hace enojar, estar tristes o son culpables de lo que viven cada uno de ustedes.

La figura no. 3 muestra las emociones.

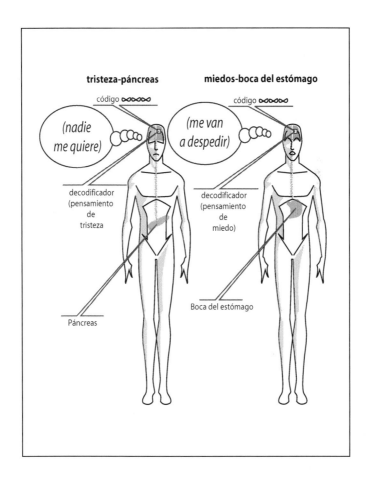

FIGURA 3a

•• 31 ••

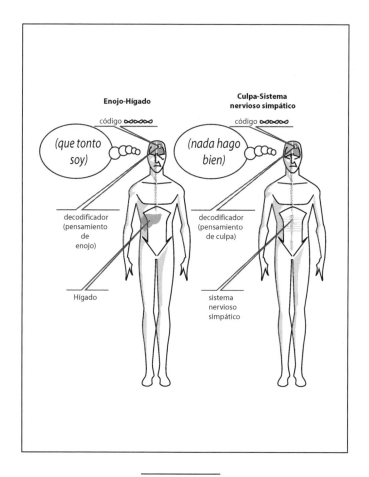

FIGURA 3b

DESPERTAR DE LA CONCIENCIA 28 de octubre.indd   32
05/11/2015   07:47:46 p. m.

Las experiencias de vida de los Seres Humanos están basadas en emociones, todo son emociones, ustedes son Seres Espirituales, Seres de Luz, con experiencias emocionales a través de su cuerpo físico. Todo lo que ocurre en su exterior, lo trasforman en emociones, es muy importante la forma en que piensan, porque ésta es la que les da las emociones, la función de éstas es que ustedes se den cuenta de cómo piensan, es una señal de bienestar o malestar en su cuerpo físico. La conciencia emocional, es saber a cada momento qué emoción están viviendo, negativa o positiva. Sus emociones negativas se derivan de pensamientos negativos, las positivas de pensamientos positivos, en ambos casos pueden ser conscientes o inconscientes. Reconocer las emociones que están teniendo y ser conscientes de éstas y manejarlas les proporciona salud física, mental y emocional en sus cuerpos físicos. Si al contrario no son conscientes, de ninguna manera pueden manejarlas y éstas son reprimidas y guardadas en un sistema energético llamado aura y chakras «más adelante hablaremos de ello» que con el tiempo producen enfermedad en sus cuerpos físico, mental y emocional.

No se pueden evitar las emociones, éstas se manifiestan en forma automática, la mente consciente controla la descarga de energía negativa o positiva a través de los pensamientos, lo hace por medio de un nervio que se llama "vago" que se encuentra conectado en el sistema nervioso dorsal, en el centro del cerebro y baja hasta el estómago. Cuando los pensamientos se vuelven obsesivos «negativos» este nervio se deteriora y va perdiendo mielina «ésta es el recubrimiento que protege a todo el sistema nervioso incluyendo al nervio vago» dejando al nervio vago como si fuera un cable de luz eléctrica sin protección, al suceder esto la mente subconsciente que se encuentra a la altura del estómago toma el control de las emociones negativas y la mente consciente queda anulada. En ocasiones aún cuando se quiera pensar en positivo, ya se perdió el control de las emociones y es imposible por medio del pensamiento controlarlas «se requiere anular el control que ha tomado la mente subconsciente, para hacerlo es indispensable pedir ayuda a los Ángeles del Rayo Azul, más adelante les indicamos cómo hacerlo».

El siguiente esquema nos muestra cómo se comportan con relación a las emociones, si son conscientes o inconscientes. Sin que quiera decir conscientes el que sepan como manejarlas a su favor, para trasmutarlas en salud.

Como podrán darse cuenta lo primero que sucede es un estímulo externo, el cual es captado a través de sus canales de percepción -cinco sentidos-

·· 33 ··

inmediatamente tienen un pensamiento consciente o inconsciente seguido de una descarga de energía que genera una emoción. Si el pensamiento consciente o inconsciente les produce mucho dolor por experiencias pasadas, se comportan de dos formas: una puede ser inconsciente y niegan lo que están pensando, en el cerebro existe un sistema que inhibe la emoción e inmediatamente la reprime y la guarda. Si al contrario son conscientes de su pensamiento y de su emoción ¡cuidado! existe una salida falsa -actúan su emoción- sin importarles a ustedes quién se las hizo, sino lo importante es quién se las pague, en ocasiones son personas, animales, objetos, plantas o su propio cuerpo físico al lastimarlo con golpes. Creyendo que así descargan su emoción en eso externo. Sin embargo no es así y ahora se quedan con dos emociones quizá la primera sea de enojo, la cual ya fue reprimida, ustedes piensan que fue descargada y la segunda con culpa, por haber lastimado emocional, psicológica, física o mentalmente a alguien, a veces piden perdón o disculpas y creen que todo está arreglado, la realidad es que ¡no! ésta fue reprimida y guardada. Veamos un ejemplo:

Es un hermoso día y deciden ir al centro comercial, se encuentran de buen humor y de repente perciben un aroma «están utilizando el olfato» ese aroma es el mismo que usaba una persona que en el pasado les hizo mucho daño, se genera un pensamiento negativo en ustedes acerca de esa persona -ese idota está aquí- e inmediatamente hace su descarga de energía, produciendo una emoción negativa como enojo. Si ustedes usan el inconsciente lo negaran y dicen ¡no es cierto! ¡estoy alucinando! etc. en ese momento se reprime la emoción y es guardada, provocándoles un fuerte dolor de cabeza, que ni siquiera saben por qué lo tienen, se toman un medicamento y listo, creen estar bien, sin embargo ya fue guardada la emoción para una enfermedad. Si al contrario ustedes usan el consciente dicen: bueno ¡cómo siempre me hace enojar! aún cuando ni siquiera lo veo, espero no encontrármelo, reconocen que están enojados, sin embargo están culpando al otro por su enojo, lo responsabilizan y después utilizan una salida falsa veamos: llegan a casa y se pelean con la primera persona con la que se encuentran, porque están enojados, discuten y de pronto se dan cuenta de lo que están haciendo y se sienten culpables, recapacitan y piden una disculpa, le cuentan lo que les pasó en el centro comercial, ahora se sienten mejor y creen que ya pasó, en realidad ahora guardaron dos emociones, el enojo y la culpa, gestando para un futuro presente una enfermedad.

Lo primero que se requiere para manejar las emociones es reconocer la responsabilidad de que esas emociones ustedes las generaron por el tipo de pensamientos que están teniendo, al hacerlo vivan la emoción sin resistirse a ella, incluso disfruten de sus enojos o tristezas, etc. dense un tiempo, por ejemplo cinco o diez minutos, después continúen con sus actividades. Si ustedes reconocen que nadie les hizo enojar o estar tristes, esto los lleva a trasmutar la emoción y tener el poder sobre ustedes y sus emociones, esto evita guardarlas, dándoles salud. La mayoría de ustedes culpa de sus emociones a otras personas, situaciones e incluso a la comida, al clima, a la naturaleza, a los animales o en ocasiones a su DIOS. Ejemplos: mis hijos me sacan de mis casillas; ellos me hacen enojar; siempre me pone triste la lluvia; la comida me hizo daño, etc. si se responsabilizan entonces dicen: me salgo de mis casillas con mis hijos, cuando están gritando; me enojo con ellos por no comprenderme; me pongo triste cuando llueve; me enfermé cuando comí camarones, etc. Hablar en primera persona de sus propias emociones, es tener el poder de cambiarlas en el momento que ustedes decidan, de lo contrario están esperando que las personas pidan disculpas o cambien para que ustedes estén bien ¿creen que algún día suceda eso? ¡ellos no cambian por nadie! cuando lo hacen es por sí mismos, entonces ustedes pueden estar bien aún cuando otros no lo estén. Esto es porque cada uno de ustedes son responsables de lo que piensan y sienten. Si eligen ser salud, entonces aprendan a reconocer lo que ustedes mismos construyen con sus pensamientos. Tener el poder significa elegir qué pensar siguiendo el sentir, porque éste último es generado por los pensamientos. Nadie entra en su mente y decide por ustedes qué tienen que pensar. En su mente sólo están ustedes, en su sistema nervioso sólo están las descargas de energía que generan con sus pensamientos. Háganse responsables de sus pensamientos y manejen sus emociones a su favor.

Continuando con el ejemplo del centro comercial, la fórmula para tener salud perfecta es: en el momento en que perciben el aroma y tengan el pensamiento negativo es reconocerlo como propio, éste hace la descarga de energía negativa en el sistema nervioso generando una emoción de enojo, reconozcan el enojo como suyo, diciendo estoy enojado por percibir el aroma de tal persona, me doy diez minutos para vivirlo sin resistirme a esta emoción, tomen el tiempo con el reloj y continúen su actividad, con este sistema se trasmuta esa energía negativa de enojo, dando a sus futuros presentes salud física, mental y emocional.

·· 35 ··

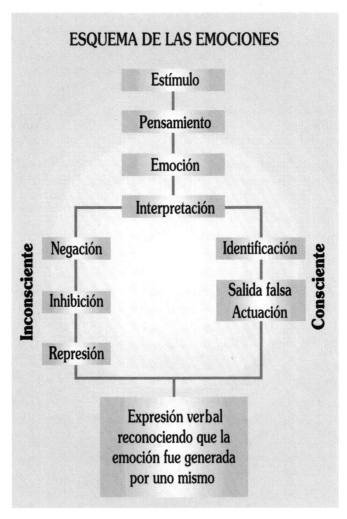

ESQUEMA DE LAS EMOCIONES

Estímulo

Pensamiento

Emoción

Interpretación

Inconsciente — Negación — Identificación — Consciente

Inhibición — Salida falsa / Actuación

Represión

Expresión verbal reconociendo que la emoción fue generada por uno mismo

·· 36 ··

3.- ¿Cómo controlar la mente?

Los pensamientos son los que construyen sus futuros presentes, algo muy importante es controlarlos o el control de la mente, las siguientes técnicas les ayudan a vivir en el aquí y ahora, a tener una mejor calidad de vida y tener conciencia mental y emocional:

Técnica I

Observen y escuchen todo el tiempo sus pensamientos, sean conscientes si son positivos o negativos, si son éstos últimos tienen la oportunidad de cambiarlos a positivos e incluso pueden decir para sí mismos -anulado, anulado, anulado- también es importante escuchar cómo hablan, en positivo o negativo, en todo caso también pueden anular los negativos y pasarlos a positivos.

Técnica II

La utilización de un mantra (mantra es una palabra en sanscrito que significa "man" mente "tra" control), los ayuda a evitar pensamientos en negativo, por lo que construyen sus futuros presentes en positivo, les da seguridad, energía de vitalidad, autoestima alta, equilibrio emocional y mental, les sugerimos los siguientes mantras: «Yo Soy el Amor de DIOS en mi corazón» «Me amo tal y como soy» ¿cómo utilizarlo? el mantra se repite mentalmente todo el día. Cuando están solos, en lugar de pensar en el pasado o en futuro, repitan el mantra, si van manejando les ayuda a estar en el aquí y ahora evitando accidentes por estar ausentes, al ir a dormir les ayuda a evitar tener insomnio, les ayuda a tener una vida más feliz, de mejor calidad y a vivir en el presente, aquí y ahora.

Capítulo II

ÁNGELES DEL

Rayo Rojo

A los Ángeles del Rayo Rojo, nos precede el
Arcángel Uriel, nuestra Misión es ayudarlos a
Despertar su Conciencia, ésta es vivir en el
presente, en el aquí y ahora, es darse cuenta de lo que piensan y sien-
ten en cada instante de su vida, también es recordar quién realmente son,
seres de luz, seres maravillosos, ustedes ya lo saben, pero no lo
recuerdan, porque existe un bloqueo que les ha
impedido tener contacto con su verdadero Ser "Ser Interior" e incluso
el recordar otras vidas -cuerpos- que han tenido en el pasado. Nosotros
los Ángeles del Rayo Rojo estamos a su disposición para ayudarles a
despertar su conciencia, su realidad interior.
Llámenos tres veces con nuestro nombre completo —Ángeles del Rayo
Rojo- y en ese instante estamos con ustedes. Los amamos y bendecimos,
amén.

Ley de la vibración

Esta Ley manifiesta que todo en el Universo lo visible e invisible, lo físico y las cosas materiales es energía positiva y negativa, la positiva es ligera y rápida y la negativa es lenta, densa y pesada, todas las cosas poseen ambas energías, gracias a esta Ley se pueden hacer trasmutaciones de negativo a positivo, es muy importante señalar que éstas sólo se pueden realizar en línea recta, decimos lo anterior porque muchos de ustedes creen que al obtener algo positivo -como dinero- serán algo positivo -como felices- eso es imposible porque se encuentran en el mismo polo, una persona que tiene dinero no necesariamente es feliz, sin embargo una que no tiene dinero no necesariamente es infeliz veamos ¿por qué no?

NEGATIVO	POSITIVO
infelicidad	felicidad
enfermedad	salud
tristeza	alegre
carencias económicas	abundancia económica

Una persona que desee ser feliz, necesita trasmutar la infelicidad; la que desea salud, necesita trasmutar la enfermedad; la que desea ser alegre, necesita trasmutar la tristeza y la que desea dinero necesita trasmutar las carencias de dinero. Tanto la infelicidad, la enfermedad, la tristeza y las carencias económicas son energías lentas, densas y pesadas -son polos negativos- si desean lo contrario muévanse hacia lo positivo, vibrando más rápido y ligero ¿cómo hacerlo? existen varias técnicas para lograrlo, una de ellas es piensen y hablen en positivo y compórtense cómo si lo fueran, recuerden que la mente no sabe lo que es o no real, sólo ustedes crean la realidad en sí mismos. Ustedes a través de su forma de pensar construyen sus futuros presentes, otra técnica es la visualización -ésta la desarrollamos más adelante- recuerden que nosotros los Ángeles de todos los Rayos les ayudamos a hacer los cambios que elijan.

Ya comentamos que los pensamientos son decodificados por el cerebro humano, crean en su mente física palabras formando ideas que definen sus experiencias, estas palabras son el código energético, que se decodificó y que se vuelve a codificar y que ahora se graba en las células humanas como información, la utilización de las palabras los lleva a experiencias negativas o positivas, investigaciones recientes, hechas por un Ser Humano japonés, demuestran que las palabras -aún escritas- modifican la estructura del agua, se forman «cristales» completos o incompletos, recuerden que ustedes son 75 por ciento agua ¡ahora imaginen lo que la vibración de esos códigos hacen en sus cuerpos físicos! ¿cristales completos o incompletos? ¡esto es salud o enfermedad! Todo en el Universo es energía que vibra, hasta las palabras escritas ¿pueden imaginar las pensadas o las dichas?

Mente de El Todo

Es la Mente universal que contiene toda la Sabiduría de lo que ha existido, existe y existirá. Se encuentra en el núcleo de cada átomo existente en el Universo y se conecta a sus Mentes Supraconsciente y Biológica.

Conciencia de El Todo

EL TODO es una energía universal que fluye a través de todo lo existente: lo visible (es tan solo un diez por ciento de la energía) e invisible (es un noventa por ciento de la energía) también conocido como DIOS, AMOR, VIDA, YO SOY, se encuentra en todas partes, todo absolutamente es EL TODO, es una energía de sabiduría pura, de mente pura, de amor puro, todo en el Universo es mente, EL TODO es mente, es nuestra conexión de amor incondicional, nuestra divinidad, aceptar que todos y todo es EL TODO, tener conciencia de ello y reconocernos como Él, que todos somos uno, nos lleva a un poder infinito de creación. Él vive en un mundo de lo absoluto, de todo lo que es: amor, fe, sabiduría, abundancia, bondad, equilibrio, etc. Para poder conocerse a sí mismo como experiencia decidió crear lo que Él ¡no es!: temor, miedos, dudas, carencias, maldad, desequilibrio, etc. ¡quién no es! sólo es una ilusión -no es real, aún cuando parece realidad- lo hizo individualizándose a sí mismo en millones de formas: Arcángeles, Ángeles, Seres Superiores, Seres Humanos, Animales, Plantas, Planetas, Galaxias, Universos, etc., a muchas de sus individualidades nos dio libre albedrío -esto es toma de decisiones, las cuales respeta incondicionalmente- para ello creó siete leyes entre ellas la Ley de los Contrarios -con ella al tener la experiencia negativa de ¡quien no es! logra disfrutarse a sí mismo en todo su Ser y todas sus cualidades al moverse a ¡quién sí es! éste movimiento se manifiesta al

· · 41 · ·

vibrar hacia el polo positivo. Si no se conoce la falta de amor, es imposible disfrutar del amor; si no se conoce la ignorancia, es imposible disfrutar la sabiduría; si no se conoce la tristeza, es imposible disfrutar de la alegría; si no se conoce la enfermedad, es imposible disfrutar de la salud; si no se conoce la pobreza, es imposible disfrutar de la riqueza; si no se conoce el miedo, es imposible disfrutar de la seguridad, etc.

La figura no. 4 muestra cómo se podría ver a EL TODO y sus individualidades.

Imaginen una pecera con agua,
el agua representa **EL TODO ABSOLUTO**
"DIOS"

Ahora metan pelotas de esponja ¿Qué les
sucede a las pelotas? **absorben el agua** ¿El agua
que absorbieron es diferente al agua de la pecera?
¡No! ¡es igual!

FIGURA 4

1.- Los siete cuerpos

Ustedes los Seres Humanos tienen muchos cuerpos, hablaremos, en este Tratado de Ángeles, sólo de siete.

Primero: «El cuerpo físico» éste es un organismo maravilloso, el cual ya conocen, tiene libre albedrío para sí mismo -toma de decisiones- para su vida física, su función es tener aprendizajes de amor, formados a través de sus pensamientos y emociones, se alimenta de energía Crística –ésta es la energía que da vida tal y como la conocen en su planeta, los hindúes le llaman prana, los chinos chi, también es conocida como luz líquida- y la toman:

a) Del Sol por medio de la respiración (muchos de ustedes no saben respirar, provocando que tengan poca energía de vida y pensamientos negativos, llevándolos a fuertes depresiones).

b) Y de algunos alimentos naturales, como frutas y verduras.

c) Y de sus pensamientos. Si ustedes tienen pensamientos negativos, su cuerpo físico se deteriora y enferma y sus vidas son tristes y llenas de estrés, si al contrario piensan positivo, son sanos y felices. Amar y aceptar su cuerpo físico tal y como es su forma -altos, bajos; delgados, gordos; blancos, morenos; etc. los lleva a tener una autoestima alta y mejor calidad de vida. Les sugerimos las siguientes técnicas para aceptar su cuerpo tal y como es y aprender a respirar.

Técnica I

Para trasmutar el estrés y aceptar su cuerpo: pongan música de sonidos naturales, siéntense en una silla, con piernas descruzadas, manos en los muslos con las palmas hacia arriba, ojos cerrados, ahora pongan su atención al dedo gordo de su pie derecho ¿cómo está, les arde, les pica, huele mal, tiene hongos, todo esto y más es estrés, el estrés es miedo no reconocido? pinten mentalmente de gris todo el estrés, inhalen y exhalen todo lo gris -el estrés- háganlo tres veces y después inhalen y exhalen color dorado -energía Crística- y pinten de dorado el dedo gordo de su pie derecho, observen ahora como se siente. Sigan respirando dorado, repitan este ejercicio con cada parte de su cuerpo, al finalizar si hay alguna parte de su cuerpo que

· · 43 · ·

les moleste o esté enferma, pongan su atención en ella y píntenla de gris y después de dorado, al terminar vuelvan a inhalar dorado y a exhalar dorado y báñense de dorado por dentro haciendo que salga por los poros de su piel y bañándose por fuera con esta energía Crística, al terminar, se inclinan hacia el frente, con ojos cerrados y sacudan sus manos como si trajeran agua y al incorporarse pueden abrir sus ojos. Se sentirán muy bien y descansados, les sugerimos este ejercicio antes de dormir, al día siguiente amanecen con mucha energía vital para su día.

Técnica II

Si desean también pueden respirar energía Crística de la siguiente forma: una vez al día tapen con un dedo una fosa nasal y con la que queda libre inhalen energía Crística, ahora tapen con el dedo la otra y exhalen por la que no inhalaron y ahora por esa misma inhalen nuevamente y exhalen por la otra, hacer esta respiración durante tres minutos. La energía Crística les proporciona energía de vitalidad para su día, sí llegan a marearse, es porque no están acostumbrados a hacerlo, con la constancia y disciplina se sienten mejor. También les ayuda a tener pensamientos positivos.

Segundo: «El aura» es un cuerpo de energía en forma de huevo que cubre al cuerpo físico -no tiene libre albedrío- su función es registrar toda la información de lo que han vivido y están viviendo y vivirán en está vida, también contiene lo que vivieron en vidas pasadas y lo que vivirán en vidas futuras, el aura tiene un color especial según su personalidad, contiene siete capas y un sistema de chakras que están conectados al cuerpo físico -más adelante hablamos de ellos- el aura se alimenta de sus pensamientos y energía Crística, un aura puede ser grande y sana o pequeña y enferma dependiendo de su forma de pensar y respirar.

Tercero: «El doble» este cuerpo es lo que le llaman el cuerpo astral, también le dicen fantasmas, almas en pena o espíritus, el Doble tiene la función de hacer viajes astrales, éstos son viajes que hace a otros lugares, porque él se puede trasladar y en ocasiones les lleva información de lo que vivió, la cual ustedes utilizan en su vida diaria ¿alguna vez han sabido algo, sin saber cómo lo saben? ¡fue su Doble quien les proporcionó esa información. y llevarles información. Se encuentra dentro del cuerpo físico, tiene libre albedrío, es mucho más sabio que el cuerpo físico, se alimenta de los pensamientos y energía Crística del cuerpo físico, es idéntico al cuerpo físico e incluso viste la misma ropa que traen ustedes en cada momento. Hay Dobles que logran que los seres físicos los vean y hablen con ellos e incluso pueden materializar su cuerpo como un cuerpo físico al hacer un viaje a otros lugares, esto es que pueden estar en un lugar diferente al cuerpo físico —se llaman desdoblamientos o bilocaciones —ubicuidad- y disfrutar de la vida física, aunque esto desgasta mucho al cuerpo físico. Está unido por medio de un cordón de plata al tercer chakra por la parte de atrás, con el cual puede salir del cuerpo físico y regresa a él fácilmente. Cuando el cuerpo físico muere, el aura le entrega la información al Doble y ambos salen del cuerpo físico dejando a éste con 21 grs. menos, el Doble rompe el cordón de plata y tiene que entregar la información al Alma y a su vez ésta al Ser Superior. El Doble tiene tres meses de vida en el plano físico, para arreglar sus asuntos y despedirse de sus seres amados. En muchos casos los Dobles tienen tantos apegos en el mundo físico-material que no se van y quedan atrapados entre dos mundos, el del Ser Superior y el de ustedes los Seres Humanos, cuando sucede esto viven en un plano llamado astral, hasta que alguien les ayuda a salir de ahí e irse con su Ser Superior, a la luz.

Cuarto: «El alma» este cuerpo es un Sol Dorado Cósmico que se encuentra a un metro arriba de la cabeza del cuerpo físico y unido por medio de un cordón de plata que sale del ombligo, su función es proporcionarles energía Crística, es eterno y siempre está unido al Ser Superior.

Quinto: «El ser superior» este cuerpo es quién realmente son ustedes, es eterno, tiene libre albedrío, él es quien elije los aprendizajes para su cuerpo físico, es quien evoluciona, quien ha elegido el Planeta Tierra para evolucionar, por ser un planeta de aprendizaje de amor. Los Seres Superiores son Seres de Luz, unos más evolucionados que otros y esa evolución depende de concretar los aprendizajes a través del cuerpo físico. Para los Seres Superiores es muy importante ponerse en contacto con el cuerpo físico, es esa voz interior, que muchas veces han escuchado, es su Yo Interior, muchos de ellos establecen comunicación con voz física dentro de la cabeza de su cuerpo físico, sólo desean el bien de su cuerpo físico. Es importante no confundir la voz de su Ser Superior con otras voces, muchos Seres Humanos escuchan voces dentro de su cabeza y éstas son de Dobles desencarnados que se les meten y les dicen cuestiones negativas como "mátate, mata a otros o pensamientos con palabras en groserías" -para sacarlos se requiere hacer un despojo, los

· · 45 · ·

El despertar de la conciencia

Ángeles del Rayo Azul les pueden ayudar-. Los Seres Superiores sólo les hablan en positivo como un guía, como una madre o un padre.

La capacidad de comunicación entre el Ser Superior y su cuerpo físico se llama clariaudiencia, ésta es la facultad por excelencia que los Seres Humanos podrían adquirir. Los Seres Superiores están trabajando arduamente para lograr este avance con su cuerpo físico y así lograr el siguiente paso en la evolución de ellos y del planeta. Les recomendamos las siguientes técnicas.

Técnica I

Les hablamos en segunda persona, para facilitar nuestra comunicación. Para poder lograr la comunicación con tu Ser Superior necesitas hacer las peticiones correspondientes: hacer mucho énfasis que emerja el recuerdo de cómo se hace -tu Ser Superior lo sabe- y dejar todos los días claro que tienes el contacto con tu Ser Superior y que es él que a través de sus mensajes dirige tu vida. En la medida que esto se haga, el canal vibracional y auditivo se va abriendo para ambos, suena sencillo, pero el bloqueo más importante es la falta de fe, el miedo y la petición no hecha, pero es algo que casi nadie practica y si lo hacen, muchas veces hacen caso omiso al mensaje, porque no lo reconocen, pero más que nada es porque no lo quieren reconocer, esto es muy importante porque el mensaje queda disperso en el canal de vibración y comunicación, para reconocer este mensaje se da la instrucción de que sea lo más claro posible y que al lanzar una pregunta, sea lo primero que se perciba. En un principio este mensaje va a llegar como lo que se llama intuición, en ocasiones con tu propio sonido de voz, pero en la medida que esto se va practicando llega a ser tan claro como la propia voz y teniendo la certeza de que el mensaje es de tu Ser Superior, lo quieras hacer o no, reconócelo y agradécelo. Todos los Seres Humanos tienen un cordón de contacto con la Madre Tierra, éste los mantiene con los pies firmes en ella. Se encuentra ubicado en el primer chakra, el cual se está a la altura de la pelvis, cuando este cordón está desconectado, las personas se comportan creando muchas fantasías ¿qué es una fantasía? es un pensamiento, que el que lo tiene ni si quiera lo cree real.

Técnica II

a) Tu intención y decisión es una orden para la energía. Pon música de sonidos naturales o instrumental, siéntate en una silla, con las manos en los muslos y las palmas hacia arriba, con ojos cerrados, inhala y exhala varias veces, ahora reconecta tu cordón de contacto con la Madre Tierra, hasta el centro de ésta, ancla tu cordón en la forma que tú lo decidas, como raíces o con nudos, al anclarte hazlo en lo físico, mental, emocional y espiritual, para que quedes completamente integrado, ponle repelente contra la oscuridad y lo negativo por dentro y por fuera, para que permanezca limpio, ponte triple cordón al triple de tamaño de tu cuerpo físico, para que sea más firme y fuerte, estabilízalo en tiempo presente aquí y ahora. Ahora te sientes más seguro y con las piernas más firmes, al caminar lo comprobarás.

b) Pon atención al centro de tu cabeza -séptimo chakra- obsérvalo, si sientes cualquier oscuridad o sombra que se encuentre ahí, límpialo con tu mente, hasta que se vuelva luminoso. Este lugar sólo te pertenece a ti, ahí se mantienen muchas imágenes de personas y te la pasas pensando en ellas, no te sirve, sólo te desequilibras mental y emocionalmente, ahora pídele a tu Ser Superior que se conecte con un cordón de plata, con la más alta vibración de amor, de su conciencia a la tuya y pregúntale su nombre, el primer nombre que llegue a tu mente, ése es. Dialoga con tu Ser Superior y si deseas saber si está conectado o no, haz la siguiente prueba: dile a tu Ser Superior que por favor te presione hasta la frente, si está conectado, se siente un ligero peso y cosquilleo en la cabeza, si no lo sientes, pídele que lo haga más fuerte hasta que lo sientas, realmente los Seres Superiores siempre se conectan. Al conectarte con él puedes empezar a tener un diálogo, haz preguntas y deja que te responda, recuerda que podría ser al principio tu propio sonido de voz, no desesperes, tú lo puedes lograr. Al terminar te inclinas hacia el frente con ojos cerrados, sacudes tus manos como si trajeras agua y al incorporarte, puedes abrir los ojos y digan: gracias, gracias, gracias.

La figura no. 5 muestra la imagen de cómo hacerlo.

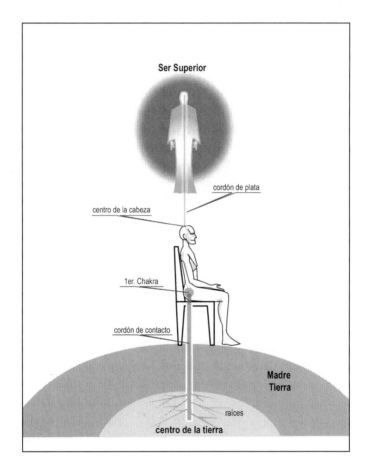

FIGURA 5

Técnica III

Cuando vayas a dormir comunícate con tu Ser Superior y agradécele que al despertar recuerdes toda la comunicación que tuviste con él.

Cuando tienen comunicación con su Ser Superior su vida va mejor, le pueden hacer las preguntas que deseen y él los guía en su presente, para sus futuros presentes e incluso les puede responder el porqué han vivido los aprendizajes que han llevado y porque están viviendo los actuales, el despertar de su conciencia es vivir y tomar decisiones como Seres Superiores, quien realmente son, esto es que todo va mejor en su vida.

Sexto: «El ser Supremo» este cuerpo es como el Ser Superior para el cuerpo Físico, vive en otra dimensión y es más evolucionado que el Ser Superior, es su guía, el Ser Supremo custodia los aprendizajes del Ser Superior y el libro de la vida actual del cuerpo Físico. cada toma de decisiones se va registrando y cambiando el futuro presente del cuerpo Físico en el libro de vida que tiene el Ser Supremo. (Se pueden anular contratos y realizar nuevos con su Ser Supremo, más adelante les damos las técnicas).

Séptimo: «El Todo» este cuerpo es el que los conecta con todo lo que existe, es un cuerpo individualizado de EL TODO, de DIOS, cada existencia física o material, visible o invisible es una individualidad de EL TODO, lo que queremos decirles es que somos EL TODO, DIOS individualizado, ÉL está en todas partes, lo dijo el "Maestro Jesús". Gracias a que somos ÉL, por medio de este cuerpo nos convertimos todos en un solo Ser "EL TODO, DIOS", la conexión que se tiene con otras individualidades es a través de la clave maravillosa «YO SOY» que significa DIOS, cuando ustedes dicen yo soy, él es, ella es, aquella es, aquel es, tú eres, ustedes son, ellos son, ellas son, aquellas son, aquellos son, esos son, esas son, éste es, ésta es, cualquier pronombre que empleen, siempre están diciendo «YO SOY» porque sólo existe un solo Ser "EL TODO" todos somos uno, y es la utilización de éstos pronombres lo que los conecta con otras individualidades de quien realmente somos EL TODO. Aceptar está realidad que es absoluta, es crearse así mismos a imagen y semejanza de DIOS. EL TODO es poder absoluto y manifestación pura con sabiduría y amor, recréense en sí mismos como la más perfecta creación de individualidad de DIOS. Lo pueden lograr despertando su conciencia y aceptando su realidad, a través de sus pensamientos positivos y la clave maravillosa «YO SOY» «YO SOY» es una poderosa energía que fluye en todo lo existente.

· · 49 · ·

El despertar de la conciencia

En la figura no. 6 muestra cómo se podrían observar en jerarquía los siete cuerpos.

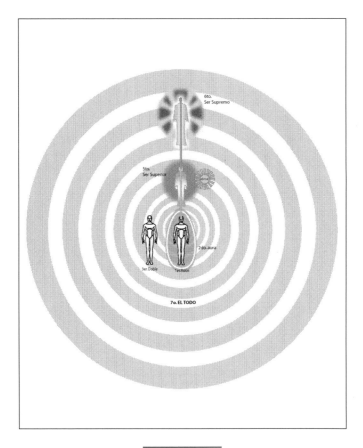

FIGURA 6

•• 50 ••

2.- Diseño del Universo

Todo el Universo está diseñado por átomos, éstos tienen un núcleo, en él se encuentra EL TODO con su Sabiduría pura, su Amor puro, su Ser puro, fluye a través de todos los núcleos, se conecta por medio de éstos a todas sus individualidades y se manifiesta en cada una de ellas con la Poderosa Presencia «YO SOY» todas las cosas visibles e invisibles, físicas y las cosas materiales lo contenemos, por ejemplo: los Seres Humanos, las plantas, los animales, las casas, los automóviles, el dinero, la ropa, las piedras, etc. nada existe que no sea EL TODO, lo negativo y positivo, la oscuridad y la luz. Recuerden que el polo negativo sólo es una ilusión, un estado de aprendizaje para poder disfrutarse como ¡quién realmente son! La diferencia entre cada individualidad se debe a la información y vibración que contiene cada átomo, por ejemplo: los átomos de un águila, contienen la información que la convierten en águila y los átomos de un ser humano contienen la información que lo convierten en un Ser humano. Podemos ver también la diferencia entre cada Ser Humano, aunque los átomos de ustedes contienen cierta información idéntica que los convierten en seres humanos, también tienen información diferente, por ejemplo: cada uno de ustedes tiene diferente forma de ojos, cara, nariz, brazos, estatura, etc., cada átomo contiene esa información y les da como resultado una forma diferente entre ustedes, el asunto no queda sólo ahí, también cada uno de ustedes tienen diferente información que les produce actitudes, conductas, comportamientos, estados de ánimo, experiencias de vida diferentes, lo que queremos decirles que todos somos información y vibración y dependiendo de la información que se tiene puesta en los átomos en cada individualidad de EL TODO es el tipo de individualidad que se vive. Si ustedes tienen información de que tienen carencias económicas, que son tristes, depresivos, malvados, infieles, ignorantes, feos, etc., esta información se convierten en sus experiencias de vida, como una realidad individual, sin embargo si tienen información de que son prosperidad económica, alegres, bondadosos, fieles, sabios, bellos, etc. esa información la viven como realidad en sus experiencias de vida individual. La información que tienen como experiencias de vida se debe básicamente a dos cosas: primera a los contratos que hacen antes de nacer para sus aprendizajes -lo vemos en el siguiente capítulo- y segunda a su forma de pensar, es muy importante la forma en que piensan acerca de sí mismos, de los demás y de la Vida, porque sus pensamientos se convierten en información codificada que queda registrada a nivel celular y ADN produciendo experiencias de vida en cada uno de ustedes.

Cada información puesta a nivel celular da una frecuencia vibratoria y ésta es lo que les da salud o enfermedad, bienestar o malestar, etc. Construyan sus futuros presentes desde el «YO SOY» en positivo si desean una vida positiva y recrearse a sí mismos como ¡quién realmente son! Dios individualizado. Si utilizan el «YO SOY» en negativo lo que se manifiesta en ustedes es una ilusión ¡quién realmente no son! sólo es un aprendizaje para poder moverse hacia el «YO SOY» positivo y disfrutarse como ¡quién realmente son! ejemplo: una persona que no conoce la tristeza, jamás disfruta de la alegría; alguien que no conoce el hambre, no puede disfrutar de la comida; quien no conoce la enfermedad, no valora la salud, etc. ¿Por qué una ilusión parece tan real? Porque lo que ustedes creen acerca de sí mismos, de la Vida y de los demás se convierte en una realidad personal y al hacerlo realmente es real para ustedes, todo lo que esta fuera de ustedes -e incluso el cuerpo físico es externo- es una ilusión, se vuelve real al ponerlo en información en ustedes, al creerlo como real. Por ejemplo si creen que no pueden conseguir empleo, se convierte en una realidad para ustedes y su experiencia se vuelve real al no tener empleo, si cambian su forma de pensar y crean su futuro presente con «YO SOY» un empleo nuevo bien remunerado, entonces empiezan a construir su experiencia de tener empleo y llega el momento en que ésta se vuelve real.

La figura no. 7 muestra que el Universo está diseñado con átomos y en sus núcleos fluye la Poderosa Presencia "YO SOY" "EL TODO ABSOLUTO". Por lo tanto todas sus individualidades estamos conectados por medio del núcleo de cada átomo.

Recuerden que "Yo soy" es igual en vibración a tú eres, él es, ella es, ustedes son, cualquier pronombre. Esto es porque "todos somos uno" somos "YO SOY" "EL TODO".

El universo está diseñado de átomos

FIGURA 7

3.- Identificando la energía

Todo en el Universo es energía lo visible e invisible, lo físico y las cosas materiales, los pensamientos son códigos de información que generan una descarga de energía a través de su sistema nervioso produciendo emociones, una forma de identificar si se encuentran en una frecuencia vibratoria negativa o positiva es el darse cuenta de ¡qué emociones! tienen a cada momento, si éstas son negativas las pueden trasmutar a positivas, las emociones negativas las pueden identificar como un malestar en su cuerpo y en su mente y las positivas como un bienestar y un buen humor, para hacer cambios de energías negativas o emociones negativas les recomendamos el siguiente ejercicio una vez al día, en el horario que dispongan:

Pueden poner música de sonidos naturales y sentados en una silla, con piernas descruzadas, manos en los muslos, palmas de las manos hacia arriba, ojos cerrados, inhalen y exhalen varias veces, empiecen a imaginar frente a

·· 53 ··

ustedes un portón de color café oscuro, tipo monasterio, tallado a mano, con una puerta más pequeña, crucen la puerta y del otro lado hay un bosque, caminen por el sendero que se encuentra ahí, observen qué colores tiene, qué formas, qué figuras, qué aromas, qué sonidos, qué temperatura hay en ese lugar, degusten está experiencia como sanadora, ahora elijan un árbol, pregúntele al árbol si les da permiso de hacer una transmutación, si les dice que ¡sí! abracen al árbol, si les dice que ¡no! busquen otro árbol y pídanle permiso, háganlo hasta que uno les de permiso, abracen al árbol y comiencen a contarle todas sus angustias, sus confusiones mentales y emocionales, platiquen con él de todo lo que no pueden o si pueden contarle a otras personas, desahóguense con él -recuerden que las emociones negativas que tienen sólo ustedes las generaron a través de sus pensamientos negativos, por lo tanto háganse responsables de ellas, esto es sin culpar a nada ni a nadie, lo pueden hacer al hablar en primera persona, por ejemplo: me siento enojado por tal situación o con tal persona por sus actitudes, o por lo que me pasó, etc., utilicen todo el tiempo que necesiten y después agradézcanle al árbol que les proporcione energía positiva en todo su ser, tomen esa energía a través de las palmas de sus manos y su pecho que se encuentran en contacto con el árbol y rellenen todos los huecos que quedaron al desprenderse de las emociones negativas que tenían, cuando se sientan mejor, satisfechos, contentos, den las gracias al árbol y díganle que regresan a él cada vez que lo necesiten, caminen por el sendero en dirección al portón, mientras lo hacen inhalen y exhalen energía Crística, observen ahora su bosque, qué colores tiene, qué formas, qué figuras, qué aromas, qué sonidos, qué temperatura tiene, degusten esta experiencia como sanación, lleguen a él y crucen la puerta, sean conscientes del aquí y ahora, de su cuerpo físico, inclínense hacia el frente sacudan sus manos como si trajeran agua y al incorporarse pueden abrir los ojos, pueden dar las gracias tres veces.

Es muy importante el trasmutar las emociones negativas acumuladas en sus cuerpos físicos y sistemas energéticos, para tener salud y vitalidad física, para su vida diaria.

Capítulo III

ÁNGELES DEL

Rayo Blanco

A los Ángeles del Rayo Blanco, nos precede el
Arcángel Gabriel, nuestra Misión es ayudarlos a
Renovar lo que necesiten ¿Qué es renovar? hacer que algo lo que
sea se vuelva nuevo, por ejemplo las células de sus cuerpos, el agua, la
información que tienen en los átomos, la ropa, los muebles, su vida, sus
relaciones, absolutamente todo se puede renovar,
renovar no necesariamente es cambiar, un objeto por otro, si ustedes
todos los días nos piden que
renovemos su ropa, ésta tendrá siempre una
apariencia de nueva; sus relaciones, entonces
tendrán con la misma persona una relación
nueva; su vida, ésta será diferente cada día, mucho mejor cada
instante. Nosotros los Ángeles del Rayo Blanco deseamos ayudarles a
despertar su conciencia evolutiva y renovar su vida, en lo que ustedes
elijan, llámenos tres veces con nuestro nombre completo
—Ángeles del Rayo Blanco- y en ese instante estamos con ustedes.
Los amamos y bendecimos, amén.

· · 55 · ·

Ley de lo relativo

Esta Ley indica que nada es bueno o malo, que todo en el Universo es energía negativa y positiva. La energía negativa no es ni buena ni mala, solo es energía densa, pesada y lenta, por ejemplo: estar enfermos, tristes, pobres, etc., no es ni bueno ni malo, sólo es energía negativa, se encuentran en el polo negativo. La energía positiva no es ni buena ni mala, sólo es energía rápida y ligera, por ejemplo: estar sanos, alegres, ricos, etc., no es ni bueno ni malo, sólo es energía positiva, se encuentran en el polo positivo. Lo bueno o malo lo pusieron ustedes los Seres Humanos como valores para poder convivir en sociedad, los valores son importantes, les ayudan a vivir mejor y a respetar sus aprendizajes.

Mente superior

Esta Mente es la vocecita interior que les guía con sabiduría y amor y que muchos de ustedes no le hacen caso y en ocasiones se lamentan por no haberlo hecho, es lo que ustedes llaman "intuición" o "corazonadas". Esta mente es tu Ser Superior y se encuentra en la glándula pineal, unida a ustedes por un cordón de plata, por medio de su séptimo chakra, que está en la coronilla de su cabeza, más adelante hablamos de los chakras.

Conciencia evolutiva

Los Seres Humanos son importantes para la evolución de los Seres Superiores y del Planeta Tierra en donde se encuentran, tener conciencia de su propia evolución y la de su planeta los convierte en un cuerpo importantísimo para el Universo, depende de ustedes los cambios que se están generando para que el planeta cambie de dimensión.

Cuando el planeta nació y albergó al Ser Humano se encontraba en primera dimensión, en donde ustedes tenían una actividad de "sobrevivir" recolectaban frutas y cazaban sólo para comer, eran nómadas.

Al pasar el planeta junto con ustedes a segunda dimensión su actividad cambió a "sentirse" a sí mismos como seres importantes en el planeta: descubrieron la agricultura, la comunicación a través de las pinturas rupestres, se iniciaron como civilizaciones, se volvieron sedentarios, descubrieron las grandes artes, como literatura, música, escultura, pintura, vivieron un mundo de romanticismo.

Sin embargo, pasaron a tercera dimensión y su actividad se inició en "hacer" grandes inventos -descubrimientos- como la pólvora, la imprenta, la prensa, las ciencias, hasta alcanzar la tecnología que ahora conocen, tecnología en la cual se han olvidado de ser ¡quién realmente son! se han dedicado a "hacer" tanto es así que creen que si no hacen algo como tener un título, dinero, una posición, un hermoso cuerpo, etc. ¡no son alguien en la vida! ustedes "ya son" por el simple hecho que son "DIOS" individualizado, no necesitan nada para "ser" el hacer los ha envuelto en un sopor que les impide ver la realidad de sí mismos y la creación que pueden llevar a cabo en sí mismos para sí mismos, se encuentran dormidos, inmersos en la tecnología y creen que sin ella, la Vida no es nada, no tiene sentido. Sin embargo observen por un momento a una persona que tiene tantos títulos, dinero, poder, fama, etc. quítenle todo eso y cómo queda, como muchos de ustedes, la realidad es que todo lo que han creado no son ustedes, sólo es una ilusión, un juego de vida, que de ninguna forma les da felicidad, recuerden que la felicidad es un estado mental, el equilibrio es interior. Cuando deseen cambiar algo en su vida, miren hacia dentro, despójense de todo lo que está afuera y se encontraran con ustedes mismos, con su propia divinidad.

En el año 1992, el planeta entró en cuarta dimensión, un tiempo de no tiempo, así le llamaban los Mayas, esta dimensión sólo dura veinte años, hasta el 2012, es una dimensión del "despertar de la conciencia evolutiva" ésta es el conocimientos y aceptación de que el cuerpo físico sólo es una herramienta perfecta para vibrar más rápido y llegar a ser ¡quién realmente son! Una individualidad de "EL TODO" y el encontrarse con su Ser Superior, reconocerse a sí mismos como Seres de Luz Divinos, es la dimensión de contacto con la Poderosa Presencia «YO SOY» este Tratado de Ángeles está canalizado para ayudarles a hacer el contacto con su Ser Superior y su individualidad como DIOS y reconocerse así mismos para que puedan evolucionar y pasar junto con el planeta a la siguiente dimensión.

La quinta dimensión, ésta es una dimensión de "descubrimientos y desarrollo de sus facultades" como: clarividencia, clariaudiencia, telepatía, etc. en esa se realizan grandes cambios de evolución, el Universo les ha enviado señales de este cambio que está por realizarse.

· · 57 · ·

El despertar de la conciencia

1.- Los seres superiores y su aprendizaje

Cada Ser Humano tiene un destino fijo y uno variable.

a) El destino fijo son los aprendizajes y misión que eligieron los Seres Superiores antes de la concepción de un cuerpo físico y el variable es el libre albedrío -toma de decisiones- que tiene el cuerpo físico. ¿Qué es un aprendizaje? los Seres Superiores evolucionan a través de vibrar más rápido y ligero, para hacerlo eligen cualidades negativas para trasmutarlas a positivas, por ejemplo: una persona que nace triste, con carencias económicas, enferma, etc. su aprendizaje es trasmutar esas cualidades hacia el polo positivo, lograr ser alegre, prosperidad económica, salud, etc., todos los aprendizajes se inician en negativo, a estos aprendizajes se les llama contratos e incluso hacen contratos con los padres, con la pareja, encuentros con personas, cuándo nacer y cuándo morir. Hacen todo tipo de contratos de infidelidad, soberbia, pobreza, autoestima baja, suicidio, homicidio, enfermedad, tristeza, depresión, soledad, pareja temporal, pareja permanente, viudez, orfandad, de todo tipo, eligen ¡quién no son! para poder trasmutarlos, así recordar y disfrutarse como ¡quién realmente son! También hacen contratos con herramientas de cualidades positivas -para ayudarse a hacer las trasmutaciones y evolucionar- como: inteligencia, abundancia, bondad, amor, lealtad, autoestima alta, valor, alegría, amistad, honestidad, humildad, etc. Hacen todo tipo de contratos para poder llevar a cabo sus aprendizajes y misión, ésta última es crear algo maravilloso en beneficio de la humanidad ¡qué tal el creador de la mezclilla o el de los tenis! ¡bien! ¡les encantó! Pueden descubrir su misión con aquello que más les gusta y se les facilita hacer y lo dan a los demás como un regalo sin esperar ningún beneficio a cambio.

¿Alguna vez se han preguntado? ¡sí lo han hecho! ¿por qué yo, por qué a mí me sucede esto y no a otra persona? la respuesta es porque lo eligieron antes de nacer, recuerden que ustedes en realidad son el Ser Superior y el cuerpo Físico sólo es una herramienta de aprendizaje para evolucionar, cualquier experiencia de vida que tengan positiva o negativa ustedes la eligieron antes de nacer. Todos los contratos se encuentran codificados a nivel ADN y se van descargando a nivel celular cuando tienen una experiencia o adquieren una creencia, a esta descarga se le llama detonador de contratos.

b) El destino variable es la toma de decisiones —libre albedrío- que hacen con cada experiencia, al elegir si es negativa o positiva. Si eligen que es negativa

·· 58 ··

aún no han aprendido y si deciden que es positiva ya terminaron de aprender. Por ejemplo una persona que pierde un empleo, en algún momento de su vida durante ese empleo tuvo pensamientos negativos acerca de éste como: ya estoy cansado de trabajar, me pagan poco, me tratan mal, me da flojera, ya no crezco, estoy estancado y de repente ¡los despiden! ¡uff ! si lo toman como negativo y se resisten a esa experiencia entonces ella continúa en su vida. Pero si lo ven como una oportunidad para crecer, estar mejor, entonces encuentran un mejor empleo, mejor remunerado y con crecimiento y satisfacciones profesionales. Entonces ya aprendieron y terminan el aprendizaje, el destino variable se trata de cómo se comportan con todas las experiencias de vida, si no terminan de aprender estas experiencias, las van a repetir una y otra vez, en esta vida o vidas futuras, hasta que terminen de aprender, el cómo terminar de aprender lo vemos en el capítulo V.

El ser conscientes de sus aprendizajes y misión los lleva a cambiar de pensamientos y actitud ante ustedes mismos, la Vida y los demás.

2.- El aprendizaje entre Seres Humanos

Eligieron a sus padres y cuándo nacer y con ello los aprendizajes que tienen con éstos. Sus padres y las personas con las que tienen contacto toda su vida son grandes maestros para sus aprendizajes, ellos les ayudan a detonarlos, cada experiencia negativa que han tenido se vuelve un detonador para que ustedes se den cuenta de sus contratos individuales y que puedan trasmutarlos al tener conciencia. Desafortunadamente como han vivido dormidos ante el conocimientos de ¡quiénes realmente son! han permanecido en el lado negativo durante muchas vidas y no han terminado de aprender. Se han traído de otras vidas, en donde no terminaron un aprendizaje, una continuidad de cualidades negativas y de contratos no concluidos junto con otros Seres Humanos, por ejemplo: existe una persona en su vida a la cual no soportan desde que la conocen y se preguntan ¿por qué no la soporto, me cae mal, qué me hizo, en realidad nada? bueno traen un contrato inconcluso de otra vida, es importante darse cuenta que es un aprendizaje no terminado y disponerse a terminarlo -en el capítulo IV vemos cómo. En ocasiones hay personas que sí influyen en ustedes en forma negativa y se sienten desequilibrados en muchos aspectos, son maestros que les muestran sus aprendizajes, no se traen contratos con todas las personas, pero muchas de ellas les ayudan a darse cuenta, cuando algo no les guste de alguien, miren dentro de ustedes y cámbienlo en ustedes y lo de afuera cambia en forma automática. Todo lo que viven es generado por los contratos ya hechos y su forma de pensar, hablar y actuar -toma de decisiones.

Recuerden nadie les hace nada, ustedes son responsables de sus experiencia, éstas las tienen siempre a través de sus pensamientos y emociones en sus cuerpos físicos. ¿Desean una mejor calidad de vida? les sugerimos vivir en conciencia mental, emocional y evolutiva. Aceptarse como un Ser de Luz Divina y como el Ser Superior e individualidad de Dios los lleva a desarrollar su poder interior, sólo se puede hacer a través de su mente física y toma de decisiones, los invitamos a crear su propio mundo lleno de amor incondicional, paz, equilibrio, abundancia, salud, éxito, alegría, felicidad, etc. Ayuden a otros seres humanos a darse cuenta de su propia responsabilidad individual y permitan que aprendan y concluyan sus propios aprendizajes. Si dejan de juzgar lo que les pasa a ustedes y a otros o el comportamiento de otros, realmente podrán terminar los aprendizajes y evolucionar espiritualmente y tener una mejor calidad de vida en todos los aspectos.

En muchas ocasiones se enredan en el aprendizaje de otros y viven lo que le corresponde a otro, por ejemplo: si al vecino le roban el automóvil, ustedes se afligen y piensan que a ustedes les sucederá lo mismo, no necesariamente, el vecino tiene sus creencias y experiencias que lo llevaron a ese presente como un hecho ¿ustedes piensan igual que él? ¡si es así! entonces si les sucederá, si no es así, entonces su experiencia es diferente, cambien su forma de pensar y su vida cambia.

3.- El sentido de vida

¿Qué es sentido de vida? muchos Seres Humanos han tomado o creído que sentido de vida es tener metas, hacer o lograr algo. Ahora quizá digan que son los aprendizajes que han elegido y la evolución de ustedes como Seres Superiores, la realidad de cada uno de ustedes se basa en sus creencias y por supuesto que los aprendizajes son importantes para la evolución. Sin embargo "sentido de vida" ¡es sentir la vida con sus cinco sentidos! tacto, olfato, vista, gusto y oído, de forma consciente, es sentir todo lo exterior hacia el interior, disfrutarlo, conectarse con cada elemento externo como las personas, la naturaleza, los animales, las cosas materiales, etc. Con la Poderosa Presencia «YO SOY» sientan como DIOS está en cada átomo de lo que existe, hagan contacto con ÉL, a través de todo lo existente.

Recuerden que todos somos un solo Ser. Cuando deseen sentir a Dios, lo pueden hacer al mirar una planta, un animal, a una persona, un automóvil; desean olerlo, perciban todos sus aromas en todo lo que existe; al degustar están en comunicación con Él; al percibir el calor o frío Él está ahí siéntanlo en su piel; al escuchar el canto de los pájaros, a otras personas lo escuchan a Él. Sentido de vida es entrar en comunicación con Él por medio de sus cinco sentidos.

Recuerden que todo lo negativo y la oscuridad es ¡quién no es ÉL! lo creó para poder sentirse a sí mismo al alcanzar la transmutación en el polo positivo de ¡quién sí es ÉL! Ahora bien si están viviendo una experiencia negativa recuerden que todo es DIOS y que lo que están viendo, sintiendo, oliendo, oyendo y degustando es ¡quién realmente no son! elévense a la comprensión de que es un aprendizaje para ustedes y para otros, no se resistan a ella y deseen cambiarla.

El presente es imposible de cambiar, lo único que pueden cambiar es los futuros presentes, el pasado como historia tampoco se puede cambiar sólo pueden trasmutar las emociones que se vivieron, entonces, pueden agradecer el aprendizaje presente y dar gracias por ello, esto les da paz y término de aprendizajes. Disfruten la Vida con sus cinco sentidos, éstos son extraordinarios, desarróllenlos, muchos de ustedes no los usan todos, los van atrofiando o cerrando por situaciones de experiencias pasadas, muchos más son inconscientes de las percepciones que tienen con sus cinco sentidos en el presente, viven en el pasado o en el futuro en sus mentes.

Cuando aprendan a vivir en tiempo presente, aquí y ahora con sus cinco sentidos, su intuición se despierta y podrán hacer contacto con su divinidad y la divinidad de todo lo existente, disfrutarán la Vida y ésta tendrá sentido, viven en un planeta maravilloso que les permite recrearse a sí mismos como la versión más esplendida que pudieran imaginarse jamás.

Desarrollen su capacidad de asombro, la utilización de sus cinco sentidos les permite asombrarse de lo fascinante que es la existencia física. ¿Qué hace un bebé cuando nace y comienza a desarrollarse? percibir y descubrir al mundo con sus cinco sentidos, miran con asombro -observan sin juzgar-, con admiración; se llevan todo a la boca -lo degustan-; escuchan con atención, sin hacer preguntas; se recrean en el aroma de su madre y conocen perfectamente al padre; tratan de tocar absolutamente todo. Ellos tienen sentido de vida, el cual se deteriora y se olvida al tener contacto con las creencias de los demás, quienes comienzan a prohibirles que miren, toquen, degusten, oigan e incluso que huelan. Pierden su capacidad de asombro al llegar a cierta edad.

Los invitamos a nacer cada día de sus días, cada instante, sean conscientes de sus cinco sentidos y asómbrense como si fuera la primera vez: al comer ¿una hamburguesa o quizá una pasta o tal vez una ensalada, que tal un pastel? los felicitamos, lo tienen todo para ser felices: pueden mirar a las estrellas en el firmamento ¡son extraordinarias! o tal vez los ojos de su pareja ¡hermosos! que tal los de ustedes ¡impresionantes!; cuando dan un abrazo al ser amado ¡qué delicia! o quizá «hacer el amor» la sexualidad más bella y divina es cuando se aman a ustedes mismos, se entregan y hacen contacto con el amor más divino de su pareja ¡sentir a DIOS en el otro! ¡nada igual! ¿cierto? Hemos observado a las parejas en donde una o quizá las dos personas al «hacer el amor» dicen que se aman, sin embargo vemos como en su mente está otra persona y fingen que gozan con la que están, eso causa desconexión en la que está pensando en otra persona, porque ustedes están en donde está su mente y no está ahí, la persona con la que están siente esa desconexión, no puede sentir a su pareja, ni al DIOS interior de su pareja y ambos se sienten vacíos, uno deseando que ese cuerpo sea el de la otra persona y la otra se siente sola y que es incapaz de provocar un deseo sexual en su pareja, entonces baja su autoestima sexual. Es importante la comunicación. Lo más bello de «hacer el amor» es el conectarse con la divinidad de cada uno y al tener un orgasmo fundirse con el DIOS interior de la pareja, en el silencio que produce la integración de los cinco sentidos al generar esa energía tan maravillosa y llena de gozo y existencia para cada uno de ustedes. Una pareja en realidad son un solo ser individualizado de DIOS al fundirse en amor el uno con el otro.

Vivan y gocen la Vida con sus cinco sentidos en todos los aspectos de su existencia, disfruten y asómbrense de lo maravillosa que es su existencia.

Capítulo IV

ÁNGELES DEL

Rayo Rosa

*A los Ángeles del Rayo Rosa, nos precede el
Arcángel Chamuel, nuestra Misión es ayudar a Comprender y
Despertar el Amor Incondicional en
todos los Seres Humanos hacia sí mismos, los
demás, los animales, las plantas, lo material, el
cosmos, hacia todo lo existente.
También existimos una legión de Ángeles Cupido, si nos llaman y
nos agradecen que lancemos nuestra flecha de amor de pareja lo haremos
con todo nuestro amor, para que atraigan hacia ustedes la pareja perfecta
en amor.*

·· 63 ··

Amor incondicional es amar sin condiciones, desear para el otro lo que desea para sí mismo, es comprender el aprendizaje de los demás, es respetar cada existencia de vida en el universo. Lo más importante es el amor, nosotros los Ángeles del Rayo Rosa les ayudamos a desarrollar y entrar en contacto con la parte más divina de ustedes mismos y de los demás, la individualidad de Dios. Existe una conexión con EL TODO a través de sus corazones, ahí está la Mente Supraconsciente, estudios científicos recientes descubrieron neuronas en el corazón físico, esto es porque sí pueden pensar con el corazón, cuando lo hacen, se están conectando con su propio DIOS individualizado, llámenos tres veces con nuestro nombre completo –Ángeles del Rayo Rosa- y en ese instante estamos con ustedes. Los amamos y bendecimos, amén.

Ley de dar y recibir

Esta Ley indica que todo lo que dan en pensamientos y palabras les es devuelto multiplicado con la misma energía, cuando tienen pensamientos negativos acerca de una persona, ustedes generan en ustedes mismos una emoción negativa, esto quiere decir que reciben lo que están pensando y también la persona en la que están pensando. Lo mismo sucede si el pensamiento es positivo, al recibir, la persona en la que están pensando, la energía de sus pensamientos, ésta se comporta en la forma en que ustedes piensan de ella. Dar y recibir es una energía de ida y vuelta, esto es que en forma instantánea reciben y posteriormente les es devuelta multiplicada en experiencias con otras personas.

Para activar esta Ley a su favor les sugerimos lo siguiente:

a) Den un regalo a donde quiera que vayan, por ejemplo: si visitan a alguien o están en sus trabajos pueden darle un regalo mental de buena salud, bendiciones, agradecimientos o quizá algo material como una flor, una tarjeta, galletas, etc. Podrían dar un regalo siempre a todas las personas con las que se cruzan o interactúan: un beso mental, una sonrisa, una bendición, un buen día, salud física, mental, etc. Les recomendamos hacerlo como ejercicio de veinticuatro horas diarias, den regalos a todas las personas, observen cómo se sienten al finalizar el día, les ayuda a estar mejor con ustedes mismos, con los demás y con la Vida. Recuerden que lo que dan les es devuelto.

b) Den al otro lo que desean para ustedes mismos, por ejemplo: desean dinero, generen empleos para que otro gane dinero y lo maravilloso es que quien más gana son ustedes; podrían ser amables con todos y lo que reciben es amabilidad, etc.

c) Agradezcan absolutamente todo «negativo y positivo» el agradecimiento es la energía más elevada que existe, porque es una manifestación de amor incondicional, agradecer lo negativo significa dejar de juzgar la experiencia que están viviendo, mejor observen qué tienen que aprender de ella y al agradecerla deja de existir en su vida como negativa.

d) Construyan lo que deseen, significa pensar en tiempo presente todo lo que desean, en lugar de pensar en futuro, visualícenlo (la manifestación de metas lo vemos más adelante en el capítulo VI).

e) Aprendan a recibir, den las gracias aún cuando no les guste lo que les regalan, si no les gusta lo pueden regalar, quizá sólo sean ustedes un canal para llevar ese regalo a quien le corresponde.

f) Reciban con amor y merecimiento, muchas veces se sienten culpables porque una persona que no tiene dinero les da un regalo, ella lo hace con amor, si lo reciben con amor sin culpa están ayudando a la persona a que fluya con esta Ley; en otras ocasiones sienten que el regalo es muy caro y piensan qué querrá la persona de ustedes, se sienten comprometidos; a veces piensan que no se merecen nada por el comportamiento que tienen ustedes mismos con los demás. Acepten los regalos del sol, la luna, las estrellas, la comida, la Vida, de los demás, dense regalos de amor y paz ustedes mismos.

g) Eliminen los bloqueos que generan: cuando dan algo a una persona, ustedes están esperando que ella les dé de igual o mejor manera, el esperar algo de alguien bloquea esta Ley, den sin esperar nada a cambio; dejen de quejarse de lo que no tienen, mejor construyan lo que desean. Un ejemplo es cuando los padres dan a los hijos y esperan que ellos respondan de una forma específica, los hijos son individualidades y jamás darán a los padres lo que éstos quieren, porque ellos piensan diferente, si lo hacen es porque así lo eligen, si no lo hacen de ninguna manera son mal agradecidos, la Vida les devolverá de otras formas y por medio de otros conductos lo que dieron a los hijos.

Mente supraconsciente

Es la Mente que se encarga de procesar todos los pensamientos positivos. Se encuentra en el corazón del cuerpo físico, ustedes sí pueden pensar con el corazón y tomar decisiones a partir de él.

Conciencia de responsabilidad

Ser conscientes de que ¡sólo ustedes! son responsables de sus experiencias, hacerse cargo de ello, los lleva a tener su propio poder de creación. El culpar a todo lo que está afuera de ustedes como: personas, animales, medio ambiente, alimentos, la naturaleza, etc., lo que hacen es entregar su poder a lo externo y después esperan que lo externo cambie para que ustedes estén bien ¡eso no funciona! las Leyes de la Naturaleza son muy claras y precisas.

Recuerden ustedes funcionan con ellas a través de sus pensamientos, palabras y acción. Ustedes forman con ellos sus experiencias de vida, las cuales las tienen en emociones en sus cuerpos físicos, nadie les hace nada, es impresionante oírlos decir: me hizo daño un camarón, el camarón ya estaba muerto ¿cómo les pudo hacer daño? ustedes tenían sus defensas bajas; el accidente provocó que llegará tarde ¡ustedes salieron tarde! salgan más temprano y tendrán el tiempo suficiente para llegar puntuales, aún con los contratiempos; el pastel me hizo engordar, ustedes son los que suben de peso, el pastel no tiene conciencia y dice hagamos que engorde ¿o sí? de ninguna manera; mis hijos me sacan de mis casillas, ustedes se salen de sus casillas cuando sus hijos hacen algo que a ustedes no les agrada, etc.

Cuando entregan el poder a lo externo nada pueden controlar en ustedes, el control de sus pensamientos y sus emociones sólo les pertenece a la persona que los tiene, no a lo externo. Aceptar la responsabilidad de sus propios pensamientos y emociones les otorga tener el control de ustedes mismos, ustedes no pueden hacer que algo externo cambie para que ustedes estén bien, ustedes son los únicos que pueden cambiar para ustedes y que al hacer el cambio se sientan bien. Es maravilloso cuando ustedes cambian y piensan de forma diferente, lo externo cambia, bueno en realidad no cambia nada, todo sigue igual, lo que sucede es que lo ven de forma diferente, ven otro ángulo y atraen hacia ustedes lo que sí desean, así funciona.

1.- Las creencias y experiencias

¿Qué fue primero la creencia o la experiencia? ¿el huevo o la gallina? la realidad es que pudo haber sido primero la creencia, ésta se adquiere a través de experiencias de otras personas y ustedes toman como una realidad personal —como creencia- el suceso. En ocasiones ustedes tuvieron una experiencia y ésta les dejó una creencia. ¿Qué es una creencia? la unión de ideas o pensamientos que forman sus realidades personales. Las creencias se adquieren sobre todo en la niñez, cuando eran niños creían como real prácticamente todo de los adultos, tanto como experiencias vividas con ellos o de ellos, tienen creencias como: la vida es difícil, es malo enojarse, no llores, no demuestres tus sentimientos, no sirves para nada, eres un inútil, qué feo eres, qué flojo eres, etc. También positivas como: eres un campeón, cruza la calle cuando hayas mirado en ambas direcciones, dibujas maravilloso, eres bella, qué guapo eres. Hay otras que les sirvieron en su momento y que cuando crecen ya no les funcionan como: no confíes en extraños, etc.

Cada creencia que fueron formando se fue guardando como una realidad en su Mente Inconsciente y se manifiesta a través de reacciones ¿qué es una reacción? volverse a accionar, vuelven a repetir la misma acción, pero ahora con mayor fuerza, cuando éstas son negativas, en realidad son una defensa, para que no les ocurra nuevamente lo que vivieron, sin embargo lo repiten una y otra vez, veamos un ejemplo: un niño que fue maltratado -golpeado física y emocionalmente- de adulto reacciona con agresividad para evitar que lo vuelvan a golpear o quizá reaccione con temor y reservado -autoestima baja-. En cambio si el niño fue tratado con amor, de adulto es una persona segura y con autoestima alta ¿cómo reaccionan ustedes? ¿en positivo o en negativo? las creencias las tienen grabadas como información -códigos- en sus células y se manifiestan con un estímulo externo de toda índole, veamos un ejemplo: un niño que fue enfermizo y sobreprotegido, ante un estímulo externo llamado frío, cuando es adulto se vuelve a enfermar al bajar la temperatura, a eso le llaman alergia al frío. Lo anterior significa que tiene la creencia de que cuando hace frío a él le da gripa. Tienen toda clase de creencias positivas y negativas y las van aumentando o modificando según sus experiencias diarias. ¿Cómo saber cuáles tienen? un ejercicio para reconocer sus creencias es el siguiente: platícate a ti mismo o a otra persona una experiencia negativa o positiva y pon atención ¿qué creencia provocó esa situación? ¡reconócela! si es positiva ¡consérvala! siempre te servirá y si es negativa ¡cámbiala! si lo decides. ¿Cómo cambiar una creencia? primero piensa de dónde viene esa creencia ¿de tus padres? ¿de un amigo? ¿una experiencia en la niñez o reciente? una vez que lo ubiques, para cambiarla haz una carta de perdón hacia la persona o a la experiencia que te ayudó a tener esa creencia, las cartas de perdón trasmutan la energía. El perdón lo vemos en el punto número tres de este capítulo. Las creencias forman sus experiencias y sus experiencias forman sus creencias, conocerse a sí mismos y cambiar su forma de pensar -sus creencias- cambia sus experiencias de sus futuros presentes. Sanar su infancia les ayuda a modificar sus creencias: "el niño interior"

El encontrar a su niño interior y ayudarlo a sanar, les ayuda a sanar su infancia, la siguiente técnica les ayuda a hacerlo.

Técnica

Pueden poner música de sonidos naturales o instrumentales y sentados en una silla, con las piernas descruzadas, manos en los muslos con las palmas hacia arriba, comiencen a relajarse, inhalen y exhalen varias veces, si hay alguna parte de su cuerpo que les está molestando, ubíquenla, píntenla de gris y ahora inhalen y exhalen todo lo gris -es estrés- inhalen y exhalen todo el estrés, vuelvan a inhalar y a exhalar y saquen todo el estrés, ahora inhalen y exhalen dorado, inhalen y exhalen dorado y pinten esa parte de su cuerpo con dorado, inhalen y exhalen dorado varias veces y bañen de dorado todo su cuerpo por dentro y por fuera. Ahora imaginen un sendero, observen qué hay alrededor, qué colores y formas tiene, qué aromas, qué temperatura, qué sonidos, degusten esta experiencia como maravillosa y comiencen a caminar por el sendero, miren frente a ustedes y descubran a lo lejos un punto de luz muy brillante que se va acercando a ustedes, avancen también hacia él, ahora dense cuenta que es un niño o una niña de cinco o seis años, -son ustedes- es su niño interior, abrácenlo, díganle cuanto lo aman y pregúntele qué necesita, entablen un diálogo con su niño interior y prométanle que van a cubrir sus necesidades, ahora tómenlo de la mano y regresen por el sendero al punto de partida, al llegar a éste háganse conscientes del tiempo presente aquí y ahora y se inclinan hacia el frente, sacuden sus manos, como si trajeran agua y al incorporarse pueden abrir los ojos, digan, gracias, gracias, gracias.

¿Les pidió algo su niño interior? Si les pidió amor ¿creen poder hacerse cargo de ese niño y concederle lo que necesita? ¡nosotros sabemos que sí! Para llevar a cabo la sanación de tu infancia, ponle un apodo cariñoso a tu niño interior y todas las mañanas salúdenlo y pregúntenle ¿qué desea hoy? lo que les pida ¡dénselo! un dulce, un juguete, jugar al fútbol, a las muñecas, lo qué sea, qué les puede pedir un niño; amor, alegría, bienestar, salud, etc. Diviértanse con esta sanación a ustedes mismos.

2.- Las relaciones y sus proyecciones

¿Qué clase de relaciones tienen, positivas o negativas? en la vida todo son relaciones, tienen relación con su cuerpo físico, con los alimentos, con el medio ambiente, la naturaleza -flora y fauna- con el arte, la música, con su trabajo, sus estudios, con el dinero ¡con otras personas! etc. La relación más importante es con ustedes mismos y de ahí se manifiesta la forma de su comportamiento con absolutamente todo. Las relaciones son proyecciones, reflejos o espejos de ustedes mismos, de la información codificada que tienen a nivel celular e inconsciente llamadas creencias. Todas sus relaciones parten de su forma de pensar -de sus creencias- Lo que creen acerca de ustedes mismos, de los demás y de la Vida se convierte en su realidad personal hagamos dos divisiones: relaciones con otras personas y relaciones con lo material, las demás relaciones se manifiestan de igual forma que estas dos divisiones.

2.1.- Relaciones con otras personas

La forma en que piensan acerca de ustedes mismos y de los demás, se manifiesta en experiencias en ustedes mismos y con otras personas: si creen que una persona es agresiva, grosera, egoísta, malhumorada, déspota, enojona, etc. esa persona con ustedes se va a comportar como agresiva, grosera, egoísta, malhumorada, déspota, enojona, etc. si además también piensan que esa persona tiene cualidades positivas como: cooperadora, exitosa, inteligente, etc. entonces también viven como experiencia con esa persona su apoyo, su éxito, su inteligencia. La realidad personal se forma por medio de sus pensamientos, cuando ponen cualidades positivas o negativas -creencias llamadas etiquetas- a otras personas se convierte en su propia realidad de relación con ellas, sólo pueden ver en los demás lo que ustedes tienen en información codificada a nivel celular por ejemplo: ustedes podrían ver a una persona y decir: tú eres un sucio, deshonesto y mentiroso, ustedes tienen grabada esa información acerca de esa persona y como proyección lo viven en experiencia. Quizá algo positivo tú eres amoroso y amable, también viven la experiencia con esa persona de amoroso y amable -aún cuando esta persona sea diferente con otras personas- porque las otras personas podrían pensar de forma diferente a ustedes y viven una experiencia diferente con esa persona, según las etiquetas que tienen en información. Tal vez la experiencia podría también ser igual, porque re-etiquetan a la persona ¿cómo es posible esto? es posible por medio de la conexión «YO SOY» ¿lo recuerdan? que tienen con todo el contexto externo existente visible e invisible, lo que queremos decir es que cuando ustedes dicen él es, ella es, ellos son, ellas son, tú eres, ustedes son, en realidad están diciendo «YO SOY» por lo tanto forman su propia realidad, sus propias proyecciones, reflejos o espejos. Existen tres niveles de proyección en ustedes: primero «yo soy así», segundo «yo quiero ser así» y tercero esa persona es así -etiquetas».

a) El primer nivel de proyecciones es "yo soy así" muchas veces no se reconocen con las cualidades proyectadas de éste, esto es porque ustedes tienen un grado menor de la cualidad proyectada en la otra persona, por ejemplo: una persona que se queja de que sus empleados son impuntuales y ella siempre llega temprano para dar el ejemplo de puntualidad ¡y no puede creer, porqué le sucede a ella! bueno resulta que en su trabajo es puntual, pero en su vida personal ¡sí es impuntual! lo que hacen en su vida personal se refleja en su trabajo o viceversa. Las leyes son muy claras al respecto lo que le dan a alguien, no importa quién o dónde les es devuelto multiplicado por un canal diferente, veamos ustedes dan puntualidad en el trabajo el canal de recibir puntualidad es reflejado en su vida personal, personas puntuales que llegan a sus reuniones. Sin embargo la impuntualidad que dan en su vida personal, es devuelta esta impuntualidad en su trabajo. Recuerden el dar y recibir no es recíproco, no obstante ustedes pueden cambiar su experiencia de impuntualidad de los empleados, primero siendo congruentes con lo que desean recibir, comiencen a ser puntuales en todos los aspectos de sus vidas, segundo cambien la etiqueta de impuntuales a sus empleados, la técnica para hacerlo la damos al final de las dos divisiones.

¿Qué opinan? toda experiencia personal es generada por ustedes mismos, a través de su forma de pensar -llamadas creencias- ¿Desean una mejor relación con todas las personas? lo pueden lograr si deciden cambiar su forma de pensar acerca de los demás. La congruencia es muy importante ¿qué es congruencia? pensar, hablar y accionarse en lo mismo ¡pero no! piensan una cosa, hablan otra y hacen otra y después se quejan del resultado de su experiencia, además atrás de este procedimiento de congruencia esta la intención, ésta es muy importante ¿qué es la intención? es una energía que los mueve muchas veces inconsciente y otras consciente, esa energía es generada por una creencia -información ya codificada a nivel celular- ustedes no pueden tener una intención positiva, si su creencia es negativa, esto quiere decir que su intención es negativa y piensan en negativo y hablan en positivo y se accionan en positivo ¿cuál es el resultado? ¡por supuesto! ¡negativo! esto es incongruencia. Ejemplo: si su creencia es de que la persona es malvada, tal vez piensen que se merece lo que le está pasando, sin embargo dicen ¡vamos a ayudarla! qué nos importa cómo es, y su acción es ir en su ayuda, pero la persona los rechaza. Si desean una mejor relación, revisen sus creencias acerca de ustedes mismos y hacia los demás, cámbienlas y piensen en positivo acerca de la persona, hablen en positivo acerca de la persona, actúen en positivo con la persona y su experiencia con la persona será positiva ¡congruencia!

b) El segundo nivel de proyección es «yo quiero ser así» se preguntarán ¿cómo es posible que yo quiera ser así como la otra persona? claro esto sólo es en cuestiones negativas, resulta que muchas de esas cuestiones que ustedes ven como negativas, en realidad no lo son y por eso quieren ser como la otra persona es, ejemplo: una persona rebelde, a ustedes les molesta su rebeldía y se quejan de ella, bueno esa información la tienen ustedes puesta a nivel celular y caen en este nivel de proyección, la rebeldía no es negativa, ni positiva, es según desde donde la estén percibiendo, es muy probable que ustedes se quieran rebelar y no lo hacen y por eso no soportan al que lo hace; qué tal una persona alegre que se ríe todo el tiempo, ustedes quieren ser así y como no lo son, les molesta sus risas y creen que es infantil por su alegría ¡qué tal! ¿ahora comprenden? ustedes son demasiado serios y creen que reírse no es bueno en los negocios, en la familia, en la escuela ¡relájense! se pueden reír si lo deciden, las otras personas sí los pueden tomar en serio, si ustedes deciden que el asunto es serio. La risa no es falta de seriedad es alegría, sólo es una creencia que reírse es infantil ¿están enterados que la risa sana al cuerpo físico y al alma? pues es verdad -como creencia- a nivel energético sus creencias son sus experiencias, la risa es una energía de muy alta vibración por eso se sanan, están haciendo una transmutación.

c) El tercer nivel de proyección es «yo creo que esa persona es así -etiquetas» este nivel es uno de los más usados, aun cuando no se dan cuenta que en realidad, lo que ven en muchos de ellos, ustedes lo tienen en un grado menor y caen en el nivel de «yo soy así». Les pusieron etiquetas a ustedes cuando eran niños y creyeron que era verdad, comenzaron a actuar esas etiquetas como un hecho y otras personas los conocieron así y los re-etiquetaron y ustedes se siguieron comportando así, ahora ustedes hacen lo mismo con los niños, cuando son etiquetas positivas ¡vívanlas, actúenlas! pero cuando son etiquetas negativas, éstas sólo les causan problemas, ejemplos: eres muy amable, detallista, inteligente, dulce, cariñoso, bondadoso; eres un niño malo, inútil, desordenado, sucio, grosero, enojón, problemático, etc. Incluso por experiencias se ponen etiquetas ustedes mismos o a otras personas como: deshonesto, mentiroso, flojo, infiel, malagradecido, patán, difícil, etc. Cualquier etiqueta puesta se puede cambiar.

La figura no. 8 muestra cómo sus creencias les son devueltas en experiencias.

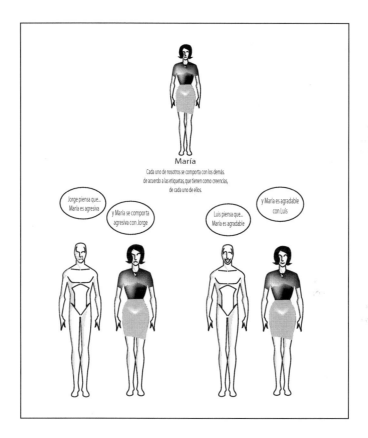

FIGURA 8

• • 73 • •

El despertar de la conciencia

2.2.- Las relaciones con lo material

Hemos notado que tienen creencias negativas acerca de lo material, especialmente del dinero, éste es energía de vida, es un intercambio de bienes y servicios, el dinero no es malo ni negativo, ustedes lo etiquetan como tal, si en su vida existen carencias económicas tiene que ver con su forma de pensar acerca del dinero y lo material ejemplos: no tengo dinero, el dinero es malo, los ricos son presumidos y tramposos, cuando se tiene dinero sólo me quieren por él, madito dinero, con dinero baila el perro, el dinero no crece en los árboles ¿crees que soy banco?, etc. También tiene que ver con la forma en que lo usan: sienten culpa cuando lo hacen en forma excesiva y no lo tenían, tienen miedo de perderlo y lo retienen y en ocasiones lo utilizan sin ningún objetivo –esto es como tirarlo- Todo lo anterior es una falta de respeto a esa energía de vida que les proporciona un intercambio de bienes y servicios ¿creen que así puedan tener dinero? Si desean dinero en su vida, cambien su forma de pensar, de hablar, de sentir y de actuar en forma negativa. Todo en la vida son relaciones y éstas se inician con un pensamiento, una experiencia y finalmente una creencia puesta a nivel celular que les da su forma de vida económica. Lo primero: es dejar de quejarse y de decir que no tienen dinero. Segundo: afirmen que siempre tienen más dinero del qué necesitan. Tercero: agradezcan lo que tienen. Cuarto, generen dinero. La generación de dinero la vemos en el capítulo VI. Es muy importante que sepan que no poseen nada material, ustedes son sólo administradores temporales de lo material –como casas, automóviles, ropa, joyas, etc. y del dinero, éste último como energía de vida, merece respeto, gracias a él ustedes tienen ese intercambio de bienes y servicios en su estadía en ese planeta.

Para cambiar una cualidad en cualquier nivel de proyección, en las relaciones con otras personas o con lo material pueden usar la siguiente técnica:

Técnica

a) Lo primero es hacer una lista de las cualidades negativas que tiene la otra persona, o quizá ustedes mismos, después reconocer en que nivel se encuentran «yo soy así» «yo quiero ser así» o «yo creo que esa persona es así» después cambien las cualidades negativas a positivas.

DESPERTAR DE LA CONCIENCIA 28 de octubre.indd   74 · 05/11/2015   07:47:53 p. m.

NEGATIVAS	NIVEL	POSITIVAS
enojona	yo soy así	aceptación
triste	yo soy así	alegre
demasiado ordenada	yo quiero ser así	ordenada
deshonesta	yo soy así	honesta
gritona	yo soy así	modulada en voz
mentirosa	yo soy así	sincera
agresiva	yo creo que es así	tranquila
grosera	yo soy así	respetuosa

b) Después de realizar esta lista, utilicen la técnica de visualización que vemos en el capítulo VI y compórtense como si lo fueran, hasta lograr el cambio. Algo muy importante es que los cambios se realizan siempre en línea recta, esto es, recuerden la Ley de los Contrarios y la Ley de la Vibración, sólo se pueden cambiar las cualidades en línea recta, con un antónimo, porque la vibración es de negativo a positivo, si observan en las relaciones se entrelazan las cuatro leyes que hemos estado estudiando, primero la Ley de los Contrarios que nos indica que todas las cosas tienen dos polos, negativo y positivo, para poderse mover al polo positivo, se hace en línea recta gracias a la Ley de la Vibración, esto es vibrando más rápido, al mantener un pensamiento positivo hacia el polo positivo, indicándoles con la Ley de lo Relativo que nada es bueno o malo sólo es energía negativa o positiva y la Ley de Dar y Recibir nos dice que todo lo que piensan y dicen les es devuelto multiplicado con el mismo tipo de energía negativa y positiva.

Mencionamos lo anterior porque dentro de esta última Ley también existe, que lo que dan les es devuelto por otro conducto, nos referimos a favores, regalos, pero lo que piensan y dicen de otras personas, éstas se comportan con ustedes como ustedes dicen que ellos son, porque es una proyección de ustedes mismos, al cambiar la información en ustedes, ellos cambian sus actitudes hacia ustedes, por la conexión «YO SOY» que es igual a cualquier pronombre. Nadie puede cambiar a otra persona. En otras palabras son lo que piensan, viven lo que piensan.

Disfruten de sus relaciones, es maravilloso el sistema de proyecciones porque ustedes se pueden conocer a sí mismos a través de todo lo que existe, absolutamente todo.

3.- El perdón

Sabemos que se ha hablado mucho del perdón, en términos energéticos nada se tiene que perdonar, porque cada experiencia es generada por la información que se ponen a nivel celular, con sus pensamientos, experiencias y creencias. Nadie les hace nada, sólo son proyecciones de ustedes mismos, contratos que traen antes de nacer para sus aprendizajes en negativo de «quién realmente no son» para cambiarlos a positivos y poderse disfrutar como «quién realmente son». Sin embargo, en el pasado muchos de ustedes ignoraban lo anterior y tienen en sus cuerpos físicos energías de emociones negativas acumuladas, que en su futuro presente se manifestarán en eventos o enfermedades. Entonces perdonar lo estamos usando como un sinónimo de liberación, transmutación de energías negativas, por su nivel de conciencia aún no han podido trasmutar sólo con el pensamiento «análisis» muchos de ustedes creen que ya perdonaron, sin embargo no es así, porque sus cuerpos aún registran la energía negativa acumulada. El perdón se hace desde el corazón y no desde lo racional, sí es importante la comprensión, pero para transmutar se requiere el amor incondicional. La siguiente técnica está resultando totalmente efectiva al cien por ciento se llama: "Cartas de Perdón"

Técnica

Escriban desde el corazón, los hechos y emociones tal y como las sienten, muchos de ustedes justifican a sus padres por miedo a faltarles al respeto si escriben lo que realmente sienten y piensan acerca de ellos, recuerden que ellos también fueron niños, adolescentes, jóvenes y adultos, teniendo sus propios aprendizajes en negativo, que los llevó a lastimarlos y maltratarlos, si bien es cierto que ellos hicieron lo que pudieron con su nivel de comprensión, conocimiento y conciencia, también es verdad que ustedes eran niños que generaron energías negativas acumulándolas en sus cuerpos, que en sus futuros presentes se manifiestan como eventos o enfermedades. Transmutar esas energías negativas acumuladas, les trae paz, comprensión, alegría, relaciones armoniosas, salud. Sólo ustedes pueden transmutar esas energías,

· · 76 · ·

esperar que vengan esas personas a ustedes para que les pidan perdón, si lo llegan a hacer, eso no transmuta, sólo se guardan y con los años, se vuelven a presentar en eventos o enfermedades, les damos un sistema de transmutación con fuego, éste limpia y transmuta y nosotros los llevamos al polo positivo. Incluso pueden hacer cartas de perdón, al dinero «Abundancia económica del Universo» a un empleo que perdieron «a la empresa involucrada» o aún a la empresa en donde trabajan, a una casa, un automóvil, si desean vender un bien inmueble, también le pueden hacer una carta de perdón, a su cuerpo físico por alguna enfermedad o al órgano enfermo, a lo que se les ocurra. También a DIOS.

Recuerden lo que necesiten transmutar lo pueden hacer con fuego. Los Ángeles del Rayo Violeta les pueden ayudar a transmutar y nosotros los Ángeles del Rayo Rosa a escribirla y llevarla a quién vaya dirigida con amor incondicional, se perdona por amor a ustedes mismos, ustedes son los únicos beneficiados a sí mismos por ustedes mismos. Cuando llevamos una carta de perdón, nosotros les cambiamos la información codificada a nivel celular, tanto a ustedes como a quien va dirigida, de lo que ponen en su carta, los beneficios son inmediatos, en ambas partes, porque al cambiar la información cambia su proyección. En otros términos energéticos lo que están haciendo es anular contratos y creencias negativas y crear nuevos contratos y creencias positivas en su vida, con las personas a las que le han hecho las cartas. Cada carta de perdón está cerrando ciclos, éstos los vemos en el capítulo V.

Pueden hacer el número de cartas que necesiten para cada persona, situación, empresa, etc. hasta que se sientan libres ¿cómo saber qué ya son libres, si aún tienen relación con esas personas, cuando las vean y piensen en lo que sucedió y ya no tengan ninguna emoción negativa, entonces ya son libres. Pero ¡cuidado! muchas personas han utilizado un sistema de guardar y olvidar -eso es una bomba de tiempo- que tarde o temprano se manifiesta en un suceso o enfermedad. Olvidar no es perdonar «liberarse» sólo es guardar. Si su trabajo sobre el perdón fue racional -analítico- sólo hicieron justificaciones para guardar la energía y olvidar y empezar de nuevo, tarde o temprano sale a la superficie. No busquen justificar a los demás de lo que hicieron, mejor pregúntense ¿qué tenía yo que aprender? al reconocerlo, pueden expresar sus emociones de esos eventos en las cartas y serán libres. Lo que hicieron las personas con ustedes, ellos lo tienen que resolver solos.

El despertar de la conciencia

Recuerden lo que se libera de ellos es la emoción que ustedes tienen dentro de sí mismos. Entonces cuando se liberan, la proyección cambia.

La figura no. 9 muestra el método de una Carta Perdón.

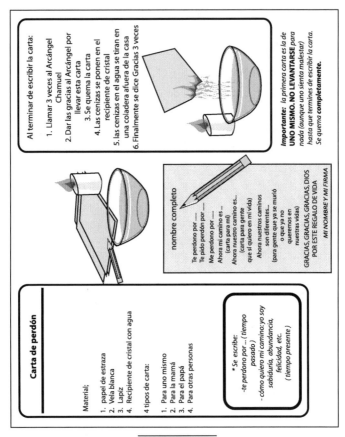

Carta de perdón

Material;

1. papel de estraza
2. Vela blanca
3. Lapiz
4. Recipiente de cristal con agua

4 tipos de carta:

1. Para uno mismo
2. Para la mamá
3. Para el papá
4. Para otras personas

*Se escribe:
-te perdono por ... (tiempo pasado)
- cómo quiero mi camino; yo soy sabiduría, abundancia, felicidad, etc.
(tiempo presente)

nombre completo

Te perdono por ......
Te pido perdón por ......
Me perdono por ......
Ahora mi camino es ... (carta para mí)
Ahora nuestro camino es... (carta para gente que sí quiero en mi vida)
Ahora nuestros caminos son diferentes... (para gente que ya se murió o que ya no queremos en nuestras vidas)

GRACIAS, GRACIAS, GRACIAS, DIOS POR ESTE REGALO DE VIDA

MI NOMBRE Y MI FIRMA

Al terminar de escribir la carta:

1. Llamar 3 veces al Arcángel Chamuel
2. Dar las gracias al Arcángel por llevar esta carta
3. Se quema la carta
4. Las cenizas se ponen en el recipiente de cristal
5. las cenizas en el agua se tiran en una coladera afuera de la casa
6. Finalmente se dice Gracias 3 veces

Importante: *la primera carta es la de* **UNO MISMO. NO LEVANTARSE** *para nada (aunque uno sienta malestar) hasta que termines de escribir la carta. Se quema* **completamente.**

FIGURA 9

·· 78 ··

Capítulo V

ÁNGELES DEL

Rayo Verde

*A los Ángeles del Rayo Verde, nos precede el
Arcángel Rafael, nuestra Misión es ayudar a los Seres Humanos a
Sanarse Físicamente, nosotros somos médicos y conocemos perfectamente
el funcionamiento del organismo humano, les ayudamos con sanaciones
desde enfermedades no crónicas, crónicas o terminales. Hacemos
trasplantes de órganos, de sistemas, aplicamos medicamentos espirituales,
etc. lo que su cuerpo requiera para recuperar la salud física. También
ayudamos con sanación a sus mascotas y plantas, llámenos por nuestro
nombre completo –Ángeles del Rayo Verde- tres veces y en ese instante
estamos con ustedes. Los amamos y bendecimos, amén.*

· · 79 · ·

Ley del karma (causa y efecto)

Esta Ley indica que cuando se inicia una causa ésta produce un efecto, ustedes tienen creencias de que karma significa castigo, algo que pagar siempre en negativo, realmente karma (causa y efecto) significa continuidad de una experiencia positiva o negativa, de esta vida o vidas pasadas.

La Ley se manifiesta de la siguiente forma, al origen de cualquier situación -enfermedad, carencias económicas, divorcios, relaciones tormentosas, pérdidas de empleo, etc.- se le llama causa -raíz- esto sucede cuando ustedes toman una decisión consciente o inconscientemente y realizan una acción. Las causas -raíces- se crean en su infancia entre la concepción y aproximadamente los dieciocho años, volviéndose cíclicas en su vida, hasta que toman la decisión de terminar con esa raíz. Los karmas positivos ejemplo: yo soy inteligente, todos me aman, la Vida es bella, etc. –tuvo una experiencia en la niñez de aceptación y respeto- sigan manteniéndolos en continuidad para seguir disfrutándolos, los negativos ejemplo: nadie me quiere, me siento solo, que tonto soy –esto es por una experiencia en la niñez quizá de rechazo o abuso sexual- son aprendizajes para cambiar a positivos y disfrutarlos.

Esta Ley se muestra compleja porque cuando se origina una causa -raíz- ésta genera un efecto y éste se convierte en causa, originando otro efecto, que también se convierte en causa, produciendo ésta un efecto y así interminablemente hasta que toman la decisión de cerrar ese ciclo.

Causa - Raíz -nacer en una familia pobre- se tiene como contrato, por continuidad de una vida pasada.

Toma de decisión creer en que se es pobre -yo soy pobre-

Acción comportarse y sentirse pobre

Efecto no estudiar por ser pobre, este efecto se convierte en una causa

Causa al no estudiar, entonces no encuentran empleo, esta causa produce un efecto

Efecto al no encontrar empleo, no tienen dinero, este efecto se convierte en una causa

Causa al no tener dinero, no tienen comida, esta causa produce un efecto

Efecto al no tener comida, se enferman, este efecto se convierte en una causa

Causa al estar enfermos, esta causa produce un efecto

Efecto la muerte

Claro también mueren los ricos, sólo es un ejemplo de continuidad de causa y efecto, realmente los ejemplos son infinitos, lo importante es que cuando ustedes toman una decisión siempre se accionan y al hacerlo generan una cadena de causas y efectos, ser conscientes de sus decisiones es muy importante, la salud física, mental y emocional es el resultado de su forma de pensar, hablar y actuar. La Ley Dar y Recibir y la Ley del karma (causa y efecto) siempre están entrelazadas, bueno en realidad llevamos cinco leyes y todas están entrelazadas.

Mente Biológica

Es la Mente que gobierna y controla todo el funcionamiento del organismo físico, es sabiduría pura. Esta Mente se encuentra en el tercer chakra, unida a la célula madre, en la médula ósea, que está en su columna vertebral.

Conciencia Biológica

La conciencia biológica es darse cuenta y aceptar que ustedes son responsables de su salud o enfermedad, nosotros sólo les ayudamos a que ustedes se autosanen, porque sólo ustedes pueden hacerlo, tienen todas las herramientas en su interior para lograrlo. Poseen un organismo maravilloso que mantiene en perfecto funcionamiento todos sus órganos, esto es porque existe una Mente Biológica que es exacta y está funcionando día y noche, ella se encarga de que sus órganos realicen la tarea que le corresponde a cada uno de ellos, la Mente Biológica se encuentra en su tercer chakra y está en contacto con su célula madre. El funcionamiento de tareas es perfecto y lo que produce salud o enfermedad es su forma de pensar, hablar y sus acciones. Tienen un sistema energético que controla las energías negativas o positivas generadas por ustedes en emociones, toda emoción es guardada en este sistema, en códigos y cuando una carga de energía negativa llega a su cien por ciento baja a su cuerpo físico manifestando una enfermedad. ¿Qué es una enfermedad? es un lenguaje en el cuerpo físico que les anuncia la excesiva carga energética negativa registrada y que les da la oportunidad de conocer lo que tienen guardado -emociones negativas- no procesadas, no transmutadas, no reconocidas. Recuerden que toda energía negativa se puede transmutar a positiva, esto quiere decir que toda enfermedad se puede trasmutar hacia la salud, veamos como funciona el sistema energético, energía de vida, energía vital y el cuerpo físico y su lenguaje:

a) Sistema energético: el sistema energético llamado Aura y Chakras -su segundo cuerpo- recibe cada pensamiento que tienen junto con su emoción. En el aura se inicia un registro de información de ese pensamiento y esa emoción en forma de hologramas, cuando la persona lo siente como real, el aura manda la información en código al chakra correspondiente, la repetición de un mismo código hecho por la cadena de causa y efecto mandado al chakra provoca que el chakra envíe el código positivo o negativo al órgano físico que le corresponda, produciendo una enfermedad o manteniendo la salud de éste. También así se gestan las experiencias o creencias que tienen en la vida.

Aura

Es un cuerpo energético, en forma de huevo, que registra toda la información que han vivido en esta vida y vidas pasadas, que están viviendo y que vivirán en sus futuros presente, recuerden que son ustedes quienes con su forma de pensar generan sus experiencias, las experiencias son efectos de causas convirtiéndose en causas que producen efectos.

Chakras

Chakra es una palabra en sanscrito que significa rueda que gira, es un filtro de códigos que contienen información negativa o positiva, según sus pensamientos, lo que dicen y hacen, contiene sus creencias y experiencias. Los chakras son siete y a cada uno le corresponde cierto tipo de códigos para darles las experiencias de vida que ustedes mismos generan, salud o enfermedad, alegría o tristeza, riqueza o pobreza, relaciones armoniosas o destructivas, etc.

Primer Chakra -Raíz-

Está ubicado a la altura del cóccix, muchos de ustedes le llaman el chakra de la sobre-vivencia «yo sobrevivo» esto es porque se relaciona con su realidad básica de la vida, con los aspectos esenciales para la supervivencia y el sentido de seguridad en la vida como: el hogar que los protege, la seguridad financiera, alimento adecuado que les sirve de nutrición, también los lazos emocionales con su pareja, familia, amigos, la comunidad, el mundo, etc. Los órganos del cuerpo que le corresponden son las glándulas suprarrenales, riñones, uretra, vejiga, próstata, aquí se encuentra la sexualidad masculina, los hombres y mujeres son diferentes física y energéticamente en lo sexual. En el hombre su sexualidad es de sobre-vivencia, es por ello que cuando no saben lo que quieren y "quién realmente son" el sexo sólo es un juego para ellos, un cuerpo que tomar para satisfacer sus necesidades básicas de sobre-vivencia sexual. Cuando saben ¡quién realmente son! se elevan al amor incondicional y para ellos el sexo se convierte en hacer el amor, la entrega completa de cuerpo, mente y emociones hacia la pareja.

Segundo Chakra -Sacro-

Se encuentra localizado a cinco centímetros por debajo del ombligo, ustedes le llaman el chakra de los sentimientos «yo siento» se relaciona con los placeres, bienestar y abundancia en general, los órganos que les pertenecen son: sistemas de reproducción y eliminación; intestino grueso, colón, ovarios, trompas, matriz, vagina, testículos. La sexualidad de la mujer se encuentra en este chakra, es por ello que las mujeres son tan románticas y en ocasiones lo que ustedes llaman -fantasiosas- en las relaciones, ellas están esperando el ser conquistadas con detalles amables y ustedes los hombres han aprendido a ser conquistadores y en ocasiones a mentir con tal de conseguir sexo – sobre-vivencia- ellas lo saben y prefieren muchas de ellas el engaño con tal de satisfacer su necesidad de sentirse amadas. Estos actos sólo los desconecta de su divinidad y terminan sintiéndose solas y tristes. Aprender a amarse a sí mismas y respetar su sexualidad, atrae hacia ustedes "mujeres" un hombre que las ame y las respete.

Tercer Chakra -Plexo solar-

Está situado a cinco centímetros arriba del ombligo, ustedes le llaman el chakra del hacer «yo hago» se relaciona con el cómo hacen las cosas, aquí se encuentran las cuatro grandes emociones. Hacen las cosas desde sus enojos, tristezas, miedos o culpas. Quizá desde la aceptación a hacia los demás, alegrías, seguridad o la aceptación a sí mismos, se relaciona con el reconocimiento a sí mismos, la autoestima alta, el poder personal y la toma de decisiones. Los órganos que les corresponde son aparato digestivo, hígado, páncreas, apéndice, bazo, plaquetas, sistema nervioso simpático, vesícula, médula ósea.

Cuarto Chakra -Corazón-

Está a la altura del corazón, centrado en el pecho, ustedes le llaman «yo soy» aquí se encuentra la Mente Supraconsciente, se conecta con el amor incondicional, la divinidad, el amor a sí mismo, hacia los demás y todo lo existente, les permite tener lazos de amor con los demás y abrir la conexión de toda realidad con DIOS a través de su clave maravillosa «YO SOY» Los órganos que le corresponden son corazón, glándula timo -sistema inmunológico- y sistema circulatorio.

Quinto Chakra -Garganta-

Está ubicado en la garganta, este chakra actúa como enlace entre la Mente Consciente -mente física- y la Mente Supraconsciente del corazón, es el chakra que llaman «yo comunico» es el que comunica los pensamientos y emociones hacia los demás y el mundo. Los órganos que le pertenecen son sistema respiratorio, tiroides.

Sexto Chakra -Entrecejo-

Se encuentra en la frente entre las cejas, ustedes le llaman «yo veo» se relaciona con su capacidad de pensar y discernir -inteligencia- de usar la intuición, la imaginación y sabiduría, a partir de sus experiencias de vida. Cuando se reflexiona en forma positiva sobre la forma de pensar que se tiene sobre la vida, empiezan a abrirse a la espiritualidad. Los órganos que le pertenece son algunas porciones del cerebro, glándula pituitaria, partes de la glándula pineal y sistema de visión.

Séptimo Chakra -Coronario-

Se halla en la coronilla, ustedes le llaman «yo sé» se vincula con la belleza, el refinamiento y lo espiritual, canaliza la energía que proviene del cosmos hacia el cuerpo físico, conocimiento a sí mismos, entendimiento, humildad, conciencia cósmica y mente abierta, aquí está conectado su Ser Superior, los órganos que le pertenecen son glándula pineal, partes de la pituitaria, corteza cerebral y sistema nervioso dorsal. Cuando se activa la glándula pineal y se conecta con el timo, se canaliza la Sabiduría de EL TODO ABSOLUTO.

La figura no. 10 muestra el Aura y los Chakras.

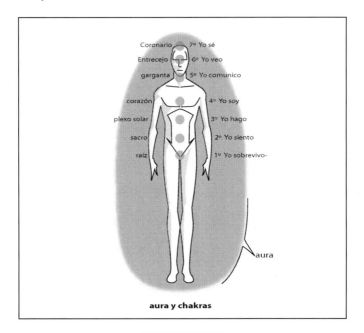

Coronario 7º Yo sé
Entrecejo 6º Yo veo
garganta 5º Yo comunico
corazón 4º Yo soy
plexo solar 3º Yo hago
sacro 2º Yo siento
raíz 1º Yo sobrevivo-

aura

aura y chakras

FIGURA 10

---

b) Energía de vida esta energía es la que está registrada en su sistema energético, a través de códigos, que en un futuro presente les da salud o enfermedad; experiencias positivas o negativas.

c) Energía vital es la energía que utiliza el cuerpo físico diariamente para sus actividades y que se vuelve negativa en el transcurso del día con los eventos que hayan tenido, es por ello que el cuerpo físico requiere de reposo -sueño- para recuperar la energía vital, cuando el cuerpo físico está enfermo, la energía vital se encuentra bloqueada hasta que cambian códigos en la energía de vida, sin embargo ustedes están acostumbrados a cambiar

·· 86 ··

la energía vital con medicamentos, esto sólo les da momentáneamente salud física, guardando nuevamente la información en los chakras y con el tiempo vuelve a bajar la información a sus órganos y vuelven a tener de nueva cuenta la enfermedad, en ocasiones ésta información se va a un órgano diferente, dependiendo de los órganos.

d) El cuerpo físico y su lenguaje cada órgano del cuerpo físico está codificado y les habla –con dolores o molestias físicas- antes de enfermarse y cuando ya está enfermo, el lenguaje se basa en las emociones negativas que se tenían acumuladas en los chakras. El tiempo en que baja la información puede ser de inmediato, semanas, años y en ocasiones vidas. El método para la autosanación lo damos en los tres puntos que se desarrollan en este capítulo. A continuación les presentamos un breve significado del lenguaje de sus órganos y partes del cuerpo. Hablamos en significado negativo porque nuestra intención es ayudarlos a que se auto-sanen, sin embargo cuando tienen salud el significado es el contrario al que damos -positivo. El lado derecho de su cuerpo físico es masculino y el izquierdo es femenino, entonces lo que les suceda en cualquier lado del cuerpo son las emociones relacionadas con un hombre o con una mujer.

Fiebre es enojo, cuando no se reconoce esta emoción, el cuerpo se desintoxica del exceso de energía negativa.

Inflamación en cualquier parte, del cuerpo es confusión emocional.

Cortadas en cualquier parte del cuerpo, es enojo y tristeza.

Fracturas en cualquier parte del cuerpo, es rebeldía contra la autoridad.

Golpes en cualquier parte del cuerpo, son enojos.

Articulaciones en cualquier parte del cuerpo, es inflexibilidad.

Úlceras en cualquier parte del cuerpo, es enojo.

Dolores en cualquier parte del cuerpo, es culpa.

Vómito y diarrea es miedo, cuando no se reconoce esta emoción el cuerpo se desintoxica del exceso de energía negativa.

Gripa demasiada energía negativa de toda clase de emociones, cuando no se reconocen estas emociones, el cuerpo se desintoxica del exceso de energía negativa.

Accidentes son enojos.

Sangre es tristeza.

Cabeza los representa ante el mundo, cuando tienen problemas en la cabeza, sienten que tienen problemas con el mundo, puede ser una persona o varias, ya no desean saber nada más y se cierran con dolores o enfermedades. Ejemplo: la migraña, esta enfermedad les provoca que les moleste la luz, el sonido, los aromas, el tacto y el gusto. Tienen sus cinco sentidos bloqueados ante el mundo, recuerden que los cinco sentidos son su canal de percepción de los estímulos externos. La emoción que tienen acumulada es un nivel de miedo extremo.

Cuero cabelludo niveles de estrés acumulados, el estrés es miedo e impotencia.

Ojos los ojos les sirven para ver, cuando están enfermos ya no desean ver las emociones que percibieron a través de los ojos, las emociones relacionadas pueden ser variadas.

Oídos les sirven para oír, cuando tienen problemas en ellos, quiere decir que ya no quieren oír emociones negativas de otras personas.

Nariz ésta se relaciona con su funcionamiento de tomar el oxígeno, lo que respiran es vida, cuando está congestionada la nariz, tienen congestionada la vida. Si hay sangrado, la sangre es tristeza, están tristes con la vida.

Boca, dientes y encías significa la toma de decisiones, cuando consideran que tomaron una decisión equivocada, tienen problemas con estas partes del cuerpo.

Mandíbula es deseos de venganza, hacia ustedes mismos o hacia otras personas.

Garganta representa lo que se dice o habla, cuando tienen problemas en la garganta, algo no dijeron o dijeron de más, pueden relacionarla con la inflamación, fiebre, úlceras, etc.

Cuello es inflexibilidad ante el mundo.

Espalda alta son los hombros representan el apoyo emocional, aquí acumulan mucho estrés.

Espalda media sentimientos de culpa hacia ustedes o hacia los demás.

Espalda baja representa el como se comportan con el dinero, preocupación por éste, tengan dinero o no.

Columna vertebral significa desintegración o ruptura familiar.

Sistema óseo es su estructura de vida, cadera, su estructura de vida está desequilibrada.

Sistema nervioso representa desconexión con las emociones, ya no quieren sentir emociones hacia la vida.

Sistema circulatorio es el cómo circulan por la vida, si están detenidos entonces tienen problemas de circulación.

Sistema inmunológico les cuesta mucho trabajo defenderse en la vida.

Tiroides representa problemas con personas muy controladoras, generalmente es la madre la controladora o son ustedes muy perfeccionistas.

Aparato digestivo representa el cómo digieren la vida, con miedo, con ansiedad, con confusión emocional.

Corazón representa la falta de amor a sí mismos.

Pulmones representan la vida, cuando hay enfermedades, tienen problemas con la vida.

Hígado es enojo, falta de aceptación hacia sí mismos.

Páncreas representa tristezas.

Vesícula deseos de muerte.

Apéndice deseos de muerte.

Bazo mucha tristeza.

Riñones representa las relaciones en convivencia.

Ovarios problemas de sexualidad.

Matriz problemas con la madre.

El despertar de la conciencia

Próstata baja autoestima sexual.

Pene problemas de sexualidad.

Impotencia sexual creencia de no poder satisfacer a su pareja.

Gluteos flácidos representan la falta de poder sobre sí mismos y los demás.

Brazos miedo a abrazar la vida con amor.

Manos incapacidad de dar y recibir.

Dedos pulgar -confusión mental- índice -egoísmo y miedo- medio -problemas sexuales y enojos- anular -desunión y tristezas- meñique -problemas con un familiar.

Piernas el estar detenidos en la vida, en proyectos, con los demás y con las relaciones padres e hijos y pareja.

Pies representan sus futuros presentes, pies fríos -miedo- callos -rigidez hacia sí mismos- hongos -enojo- pie de atleta -miedos- sudor -miedos- mal aroma -enojos.

Piel violación al libre albedrío.

Cualquier parte del cuerpo la pueden relacionar con el significado de inflamación, cortadas, golpes, fracturas, sangre, articulaciones y úlceras. Por ejemplo una persona que se fractura un tobillo izquierdo, es porque se rebela contra la autoridad femenina, podría ser rebeldía hacia una madre, hermana mayor, esposa autoritaria o una jefa de trabajo o hacia una mujer que siente que es superior.

1.- Encontrar raíces

Ya conocen lo que es una raíz, ahora lo importante es cómo encontrarla y cómo transmutarla ¿por qué es importante encontrar una raíz? Ejemplo: cuando crece una yerba en su jardín, si ustedes quitan la yerba, sin quitar la raíz ¿qué sucede? al poco tiempo vuelve a crecer ésta, sin embargo si quitan la raíz, la yerba no vuelve a crecer. Recuerdan cuantas veces han solucionado una situación de dinero, de pareja, de profesión, de enfermedad, etc. y al poco o mediano tiempo vuelven a tener otra parecida. La enfermedad llamada cáncer les da un ejemplo de lo anterior, le quitan un seno a una mujer y si no quita la raíz de lo que originó el cáncer, un tiempo después le resulta algo llamado metástasis. Así sucede porque no trasmutó la raíz de esa enfermedad, sólo le quitaron el efecto –cáncer- de la causa. Aunque este capítulo hablamos de salud en sus cuerpos físicos, lo relacionado con raíces es para cualquier tema: relaciones con personas, con la profesión, con el dinero y por supuesto con la salud mental y emocional. A continuación les damos tres técnicas para encontrar raíces. Cuando encuentren la causa-raíz hacer una carta de perdón, para cada persona involucrada, incluyan a sus padres –aún cuando no hayan estado en la experiencia- y a ustedes.

Técnica I

Poner música de sonidos naturales, sentados en un silla, con piernas descruzadas, manos en los muslos con las palmas hacia arriba, ojos cerrados, ahora elijan un lugar, podría ser una playa, un bosque, una cabaña, una montaña, un jardín, etc. Que sea un lugar en donde sientan paz, se sientan seguros y a salvo, inhalen y exhalen varias veces e imaginen que se encuentran en ese lugar –ahora llámenos a los Ángeles del Rayo Verde tres veces, - ¿qué colores tiene, qué aromas, que sonidos, qué temperatura? Degusten esta experiencia como maravillosa, ahora en ese lugar si pueden quítense los zapatos y pónganse de pie, con las piernas como de tijera, inhalen y exhalen, ahora pídele a la raíz de la situación que se presente, por ejemplo si es una enfermedad, digan el nombre de la enfermedad –la raíz de mi cáncer que se presente- o si es una situación como de relaciones conflictivas –la raíz de mi relación con (digan el nombre completo de la persona con la que tienen esta relación) que se presente- si es carencias económicas –la raíz de mis carencias económicas que se presente- etc., observen hacia el frente, a lo lejos hay un punto de luz, éste se va acercando volviéndose más grande y con una forma –ésta es la que cada uno de ustedes le da como símbolo a su situación- recuerden que están seguros y a salvo, esta forma se detiene frente a ustedes, ahora pregúntele qué quiere de ustedes, -esperen una respuesta, lo que llegue a su mente es correcto- qué tienen que aprender de esa situación –esperen una respuesta- ahora cuál es la raíz, les presenta una imagen –un recuerdo de la infancia- en donde están involucradas otras personas, observen y si pueden perdonen en ese momento, nos pueden –agradecer- a los Ángeles que sanemos esa situación –esa raíz- lo que hacemos es sanar

• • 91 • •

todas sus emociones negativas que se quedaron atoradas, cuando perciban que se sienten libres, díganle a la situación "tú no eres yo, yo no soy tú, eres una ilusión creada por mí, por lo tanto yo te descreo" observen como esa situación –símbolo- se comienza a retirar por donde vino, haciéndose más pequeño, hasta desaparecer, inhalen y exhalen varias veces. Disfruten del lugar en donde se encuentran, ahora ¿qué colores tiene, qué aromas, qué sonidos, qué temperatura? Degusten esta experiencia como sanadora y cuando estén preparados para salir de allí, se inclinan hacia el frente con ojos cerrados, sacuden sus manos como si trajeran agua y al incorporarse pueden abrir los ojos y digan gracias, gracias, gracias.

Técnica II

Pueden repetir mentalmente, con la intención de encontrar la causa-raíz, durante todo el día, por los días que sea necesario hasta que les llegue el recuerdo de la infancia que es la causa-raíz, la siguiente frase "libero la causa raíz que me produce –poner la situación o enfermedad- ejemplos: libero la causa-raíz que me produce el cáncer; libero la causa-raíz que me produce mis carencias económicas; libero la causa-raíz que me produce el lupus; libero la causa-raíz que me produce mis enojos; libero la causa-raíz que me produce mi relación conflictiva con –poner nombre completo de la persona con la que tienen conflictos; libero la causa-raíz que me produce el alcoholismo, etc.

Técnica III

Pídanle a su Ser Superior que durante el sueño les muestre la causa-raíz de la situación y que al despertar ustedes recuerden totalmente la experiencia vivida, quizá requieran de varias noches para poder encontrar la causa-raíz, utilicen el tiempo que necesiten hasta lograrlo. Ejemplo: Ser Superior por favor dame en mi sueño la causa-raíz de mi divorcio; de mis relaciones conflictivas; de mi enfermedad –cáncer, lupus, esclerosis múltiple, etc.

Cualquiera que sea la técnica que utilicen, una vez que encontraron la causa-raíz lo importante es transmutarla y esto se hace por medio de cartas de perdón con el tema que encontraron en la niñez y a las personas involucradas, comenzando con ustedes y después mamá, papá y los involucrados.

Pueden tener la certeza que nosotros los Ángeles les ayudamos a transmutar esa raíz y de esa manera la enfermedad o situación se sana.

Pongamos ejemplos de lo que pueden encontrar en la niñez, podrían ser desde violaciones sexuales; violación de libre albedrío; pérdidas de seres queridos; maltratos y abuso por autoridad; quizá abandono emocional o físico; enfermedades leves o graves, etc. Su cuerpo y mente les hace saber las emociones que tienen atoradas de esa experiencia. Todo lo anterior se volvió cíclico por la Ley del Karma -Causa y Efecto.

2.- Toma de decisiones

El punto importante de esta Ley es que se activa cuando se toma una decisión, ésta puede ser consciente o inconsciente, cualquiera que sea la forma se inicia la cadena de causas y efectos. Saber tomar una decisión asertiva los lleva a un camino de control de emociones y poder así trasmutar los efectos que se producen, los invitamos a tomar decisiones de forma consciente. A continuación les damos una técnica para tomar decisiones asertivas, claro estamos hablando de decisiones con las cuales sus vida cambian para siempre, como por ejemplo: qué carrera estudiar, si se casan o no, si cambian de trabajo o no o quizá jubilarse, tener hijos o no, si se divorcian o no, si cambian de residencia, etc.

Elegimos un ejemplo de cambio de residencia por necesidad económica: es una mujer mexicana que tiene tres hijos con edades de ocho, diez y doce años, su esposo perdió el empleo hace dos años y no ha encontrado otro, ella ayuda a la limpieza en una casa y no le alcanza para mantener a la familia. Llegó un familiar de los Estados Unidos y al ver su situación la invita a que se vaya para ese país y él le consigue empleo –sin papeles- ella por su desesperación le gusta la idea, pero no sabe que decisión tomar.

Técnica I

Se hace por escrito para conocer el futuro presente que les espera si dicen "sí" o dicen "no". Toda decisión sólo tiene dos caminos un "sí" y un "no" pero ambos tienen consecuencias –efectos- negativas y positivas, veamos:

Si dice "sí"	
EFECTOS POSITIVOS	EFECTOS NEGATIVOS
Tener otro empleo Ganar más dinero Aprender otro idioma Conocer otra cultura Seguridad económica	Dejar a su familia Soledad Tristeza Probable infidelidad de la pareja Sentir culpa por dejar a los hijos Correr riesgo de no poder regresar a su país por falta de papeles Extrañar a su familia y a su país

Si dice "no"	
EFECTOS POSITIVOS	EFECTOS NEGATIVOS
Estar con su familia Compañía familiar Alegría Estar con su esposo Estar y ver crecer a sus hijos Estar en casa	No cambiar de empleo Ganar la misma cantidad de dinero No aprender otro idioma No conocer otra cultura Inseguridad económica

Lo anterior es sólo un ejemplo de efectos, en realidad cada caso es individual y único, sin embargo, analizando lo arriba antes mencionado ¿cuál de los dos caminos le conviene a esta mujer? De principio decir "no" pero podría escoger el "sí" algo importante cuando se hace este ejercicio, es que al observar los efectos pueden darse cuenta de las consecuencias negativas y transmutarlas antes de que lleguen, por ejemplo, si ella dice "no" podría buscar otro empleo, ganar más dinero, aprender en su residencia otro idioma, conocer por medio de los libros otra cultura y tener seguridad económica. O quizá si dice "sí" ella podría tener otra familia, sentirse acompañada, alegre, tener otra pareja y quizá tener más hijos. Como pueden percatarse ustedes son los únicos que pueden valorar su vida y sus futuros presentes antes de tomar una decisión, que podría cambiar su vida para siempre, los invitamos a ser más conscientes en su toma de decisiones, para que vivan lo que realmente desean.

Después de hacer la técnica anterior, pueden hacer una progresión, esto es ir hacia su posible futuro presente en cualquier toma de decisión que hagan, lo que van a experimentar es qué emociones podrían tener en su futuro presente.

Técnica II

Poner música con sonidos instrumentales o naturales, ojos cerrados, sentados, manos en los muslos con palmas hacia arriba, inhalen y exhalen varias veces hasta sentirse relajados, ahora imaginen frente a ustedes un puente que cruza un río, qué temperatura hay en ese lugar, qué formas y figuras, qué colores, qué aromas, degusten esta experiencia como maravillosa y comiencen a caminar por el puente hasta la mitad, vean como el puente se abre en dos como una "Y" ahora tienen dos caminos, que al final, del otro lado del puente tiene una puerta cada uno ¿cuál tomarán?, el camino de la derecha es si su decisión es "sí" y el de la izquierda es si su decisión es "no" elijan uno y caminen hasta la puerta que está del otro lado del puente, ábranla y descubran qué emociones van a tener con su decisión ¿son negativas o positivas? Quizá ambas ¿cuáles sienten más fuertes? Vivan por un momento el futuro que les espera con esa decisión. Ahora salgan de ahí y regresen a la mitad del puente, si les gustó está bien y si no les gustó, entonces caminen hacia la otra puerta y descubran que emociones se encierran en su futuro presente con esa otra decisión ¡vívanla! Ahora regresen a la mitad del puente y vean como se convierte el puente en uno solo, caminen hacia la orilla donde empezaron y sean conscientes del lugar donde se encuentran físicamente y cuando estén preparados con ojos cerrados se inclinan hacia el frente, sacuden sus manos y al incorporarse pueden abrir sus ojos y digan gracias, gracias, gracias.

Es una visita interesante a sus emociones futuras por su toma de decisiones, ahora sí pueden elegir con mayor conciencia su decisión.

3.- Cerrando ciclos

Cada toma de decisiones abre un ciclo en su vida ¿qué es un ciclo? un periodo de tiempo determinado, al abrirse un ciclo, éste se vuelve cíclico.

El despertar de la conciencia

Queremos decir que cada determinado tiempo les vuelve a suceder lo mismo o algo parecido, estos ciclos se terminan cuando toman otra decisión que es contraria a la que tomaron, pongamos varios ejemplos:

a) Una persona que tiene una pérdida en la niñez, tiene varias pérdidas en su vida –pierde a su madre o padre en la niñez, podría en la adolescencia perder a otro ser querido, se casa y podría perder a su pareja, a sus hijos y así sucesivamente.

b) Una persona que se casa, podría volverse a casar, ustedes usan mucho renovar votos matrimoniales cuando cumplen 25 años de casados, cincuenta, etc. Quizá se casa y se divorcia, se vuelve a casar y se vuelve a divorciar.

c) En ocasiones un niño que tiene una pérdida con un cambio de escuela por cambio de residencia, podría tener varios cambios de residencia o varios cambios de empleo y todos podrían ser por pérdidas.

d) Existen otros por enfermedades, que tal la gripa anual o las diarreas crónicas en tiempo de calor o las alergias en tiempo de frío.

e) Podría ser un niño abandonado y sentirse abandonado con cada relación o literalmente ser abandonado por los hijos o su pareja.

Podemos poner un sin fin de ejemplos de repetición cíclica, ésta se lleva a cabo en ustedes porque se generó una creencia y como tal la van viviendo, ésta creencia podría ser de un aprendizaje no realizado en una o varias vidas pasadas o en esta vida, cuando es de vidas pasadas se trae como contratos ya establecidos y se detonan con cualquier experiencia parecida, todos los seres humanos traen contratos positivos y negativos para sus aprendizajes, los positivos son herramientas para salir adelante con los negativos.

Un ejemplo de un contrato de pérdidas de pareja por muerte, es una niña que su papá muere y se queda como creencia que las parejas se mueren, eso detona su contrato y atrae hacia ella a una persona que trae contrato de muerte temprana, tiene otra pareja y también se muere, tiene otra y también se muere y decide ya no tener parejas, porque piensa que es de mal agüero, perdiéndose ahora así misma.

La realidad es que las personas se unen permanentemente o tienen experiencias temporales, por los contratos que hicieron antes de nacer o creencias que se pusieron o que adquirieron de otras personas, llevando a cabo sus experiencias cíclicas de vida.

Para poder cerrar ciclos negativos en sus vidas, lo primero es saber si ya aprendieron ¿cómo saber qué están aprendiendo? Todo aquello negativo que estén viviendo es un aprendizaje y cuando dejen de resistirse a él, dejan de vivirlo ¿cómo dejar de resistirse? Agradeciendo el aprendizaje y dejando de quejarse, de esa manera sabrán que ya terminaron de aprender, les sugerimos los siguientes técnicas para cerrar ciclos.

Técnica I

En papel de estraza escribir con lápiz su historia negativa de vida, desde la edad más temprana que recuerden hasta la edad actual y si están escribiendo algo y recuerdan una experiencia anterior, escríbanla y después continúen con la edad en la que estaban, algo importante cuando escriban una experiencia, es hacerlo con la intención de cerrar ciclos negativos y desde el corazón, narrando los hechos y las emociones que sintieron, si no recuerdan algo o muchos eventos, pídanos a nosotros los Ángeles que les transmutemos esos eventos y con todo nuestro amor lo haremos, al terminar de escribir su historia, quémenla completa y den por hecho que cerraron ciclos y que transmutaron las creencias que desconocen.

Técnica II

Cerrar ciclos con cada persona, esto se realiza con las cartas de perdón.

Técnica III

Romper el contrato que hicieron antes de nacer o que hicieron a través de su vida actual ¿cuál es su contrato? es aquello que están viviendo de forma constante y negativa, como carencias económicas, enfermedades, relaciones conflictiva o tormentosas, pérdidas, enfermedades congénitas o manifestadas posteriormente, etc., éstos sólo se pueden romper cuando terminaron de aprender ¿cuándo es eso? cuando se dan cuenta de forma consciente que lo tienen y ya dejaron de quejarse, es un buen momento para cambiar a un contrato positivo.

El despertar de la conciencia

Poner música de sonidos instrumentales o naturales, ojos cerrados, sentados, manos en los muslos con palmas hacia arriba, inhalen y exhalen varias veces hasta sentirse relajados, ahora, llámenos tres veces y nosotros los Ángeles los llevamos con el Ser Supremo, su sexto cuerpo, él se encuentra en la sexta dimensión, nosotros les preparamos a su segundo cuerpo que es el Doble –cuerpo astral- ustedes díganle a su cuerpo físico que todo está bien que ponen su conciencia en el Doble y sus emociones en el cuerpo físico, ahora frente a ustedes se abre un vórtice, esto es una puerta que nosotros les ponemos, con su cuerpo el Doble crucen esa puerta y del otro lado se encuentra un escritorio de madera de color blanco, tiene una silla del lado derecho, por favor siéntense en ella y frente a ustedes está el Ser Supremo, pídanle sus contratos de esta vida y vidas pasadas sobre –digan por favor- mi karma de "carencias económicas" (es un ejemplo y sólo se puede pedir un tema) esperen a que les lleguen los contratos, estos se encuentran en forma de libros y se aparecen a su derecha del escritorio, máximo les llegan siete libros, el que se encuentra hasta abajo, son los contratos negativos de esta vida, los que están arriba de éste son de vidas pasadas. Tomen el primer libro (háganlo literalmente con sus manos físicas, como si tuviera una forma tangible. La mente no sabe lo que es real o no y si ustedes lo hacen sentirán la energía del libro en sus manos y su mente lo registrará como real y la transmutación es más rápida) y pídanle al Ser Supremo un sello que dice anulado y comiencen a anular desde la portada y página por página, cuando terminen con el primer libro, rompan cada hoja y la portada y detrás de ustedes hay un caldero, echen el libro roto y quémenlo, hagan lo mismo con cada libro, hasta el último, después pídanle al Ser Supremo que les de un pergamino en blanco y una pluma y comiencen a escribir su nuevo contrato, esto es en tiempo presente, afirmativo, positivo y primera persona, recuerden la clave "yo soy" escriban lo que su corazón les indique, que es todo lo contrario al tema que acaban de romper, por ejemplo: si rompieron "carencias económicas" entonces pueden escribir lo siguiente:

Fecha	Ciudad donde se encuentran, día, mes y año
Nombre y Tema	Yo "nombre completo" decreto que yo soy opulencia económica
Nombre completo y firma	Es el símbolo que utilizan para identificarse

México, D.F. a 29 de julio de 2008

Yo "nombre completo" decreto que a partir del día de hoy yo soy opulencia económica y mi relación con el dinero es de respeto, amistad, alegría, aceptación, amor, fe, sabiduría, comprensión, yo soy un empleo bien remunerado en donde me desarrollo como profesional en lo que más amo y doy a los demás mis servicios desde mi corazón, utilizando el dinero para mi mejor bien y de mi familia

"nombre completo"
"firma"

Al terminar de escribir su nuevo contrato, pídanle al Ser Supremo que barnice con dorado su pergamino y que lo coloque en su libro de esta vida y se los ponga cómo código en los chakras, a nivel ADN y celular, que les active este código, para que se manifieste en sus vidas como una realidad.

Si desean pueden platicar con su Ser Supremo, dar gracias y al terminar pídanos a los Ángeles del Rayo Verde que los regresemos a su cuerpo físico en tiempo presente aquí y ahora y nosotros lo hacemos. Ahora se inclinan hacia el frente sacuden sus manos y al incorporarse pueden abrir los ojos.

Ahora para que suceda y se active en su vida, compórtense como si lo fueran, agradezcan todo lo que tienen, dejen de quejarse y generen lo que acaban de elegir.

Técnica IV

En ocasiones es necesario anular en el Registro Akáshico, ahí se encuentra el libro de todas las vidas que ha tenido su Ser Superior, nosotros los Ángeles del Rayo Verde con gusto le ayudamos a su Ser Superior, si él nos lo permite, a anular contratos hechos antes de que nacieran, sólo llámenos tres veces y agradézcanos que le pidamos a su Ser Superior que anule por favor el contrato que se requiera ¿cómo saber cual contrato? Más adelante, en las enfermedades de los sistemas, les indicamos cuales contratos se necesitan anular. Estos contratos vienen como ciclos no concluidos "karmas" de vidas pasadas.

Técnica V

Esta técnica se llama "Recapitulación" es para transmutar la energía negativa que tienen en sus cuerpos el Físico, el Aura y Chakras y en su Doble. Les sugerimos que sea de una duración de veinte minutos al día, se hace de lunes a viernes, por cada año de vida que tengan, por favor incluyan el año de gestación, pueden llevar un diario para que sepan qué años van transmutando, ejemplo de diario para una persona que tiene veinte años de edad:

Fecha en que se realiza el ejercicio	Año que se transmuta	edad	ejercicio realizado
Julio 28 al 1º. de agosto de 2008	2008	20	ok
Agosto 4 al 8 de agosto de 2008	2007	19	ok
Agosto 11 al 15 de agosto de 2008	2006	18	ok
Agosto 18 al 22 de agosto de 2008	2005	17	ok
Así hasta llegar a la gestación Dic. 15 al 19 de dic. de 2008	gestación	0	ok

Pueden observar que es un año por semana, si no pueden un día de la semana, el ejercicio se vuelve a empezar para ese año, o si salen de vacaciones lo podrían hacer la siguiente semana, en total les lleva tantas semanas como años tienen, diviértanse, la recapitulación les ayuda a transmutar toda la energía negativa y a vivir lo que realmente desean y es también una forma de cerrar ciclos por años.

Poner música de sonidos instrumentales o naturales, sentados en una silla, con las piernas descruzadas, manos en los muslos, palmas hacia arriba, ojos cerrados, llámenos a los Ángeles del Rayo Verde para que les ayudemos, reconecten su cordón de contacto con la Madre Tierra , recuerden que este sale del primer chakra, pónganle repelente a la oscuridad y a lo negativo, por dentro y por fuera, engruésenlo al triple y crézcanlo al triple de tamaño de su cuerpo físico, den la orden de que se estabilice en tiempo presente aquí. Ahora pongan atención enfrente de ustedes y creen una pantalla panorámica, pónganle un cordón de drenaje y conéctenlo al centro de la Madre Tierra y agradezcan a ella que transmute todo lo que le envíen en Luz y Amor. Ahora pongan atención al centro de su cabeza y pónganse en contacto con su Ser Superior, lo pueden saludar y decirle cuanto lo aman y agradecerle que les ayude a recordar todas las emociones y eventos negativos que han vivido, para que las transmuten, ahora pongan atención a las plantas de sus pies, ahí tienen chakras secundarios, den la orden de que se abran a un cien por ciento y agradezcan a la Madre Tierra que les de energía de amor, la que ustedes necesiten y comiencen a subir esa energía por las plantas de sus pies, pies, tobillos, piernas, rodillas, muslos, cadera, hasta allí llega, sientan esa energía, disfrútenla, háganla suya, ahora pongan atención a un metro de distancia arriba de su cabeza se encuentra su Alma, que tiene forma de Sol Dorado Cósmico, agradézcanle que les dé energía dorada de amor la que necesiten y sientan como entra por el séptimo chakra y desciende por su cabeza, cuello, hombros, brazos, manos, dedos, por su espalda, pecho, hasta encontrarse con la energía de la Madre Tierra y se integran, siéntanla, disfrútenla, háganla suya, -a esto se llama fluir energía- sigan fluyendo. (Pongan una canasta en la pantalla) saquen de su cuerpo todas las emociones negativas que tienen de cada año de su vida y manden a la canasta sus miedos, pleitos, enojos, tristezas, culpas, enfermedades, mi dolor de estómago, el cáncer de mi hígado, etc. (importante sólo pueden mandar la enfermedad, de ninguna manera el órgano o partes del cuerpo) relaciones negativas, conflictos, tormentosas, desequilibradas, carencias económicas, falta de fe, envidias, todo lo que vayan recordando e incluso eventos, toda esta energía negativa puede salir de sus cuerpos en forma de listones, palabras, bolas, nubes, etc., cuando ustedes sacan esa energía negativa de sus cuerpos les quedan huecos, pero éstos se rellenan con la energía de su Alma –Sol Dorado Cósmico- y de la Madre Tierra, es importante que hablen en primera persona, para que la energía pueda salir de sus cuerpos. Ejemplo: mando a la canasta mi tristeza, mi decepción, mi angustia, mi dolor de estómago, mis fiebres, mis pérdidas de dinero, etc., una vez que hayan mandado la energía negativa a la canasta, pídanos a los Ángeles del Rayo Verde que transmutemos toda esa energía y observen

El despertar de la conciencia

como lo hacemos en la pantalla, usamos fuego sagrado, logrando que sus cuerpos vibren más rápido, se sentirán mejor, mas ligeros y felices, limpien su pantalla y por favor den las gracias a su Ser Superior, a su Alma –Sol Dorado Cósmico- y a la Madre Tierra por esta transmutación, se inclinan hacia el frente con ojos cerrados, sacuden sus manos (con esta acción se deja de fluir energía) y al incorporarse pueden abrir los ojos y digan gracias, gracias, gracias, nosotros los Ángeles, los bendecimos y amamos, amén.

En la figura no. 11 se muestran los pasos de la técnica anterior.

DESPERTAR DE LA CONCIENCIA 28 de octubre.indd   102   05/11/2015   07:47:56 p. m.

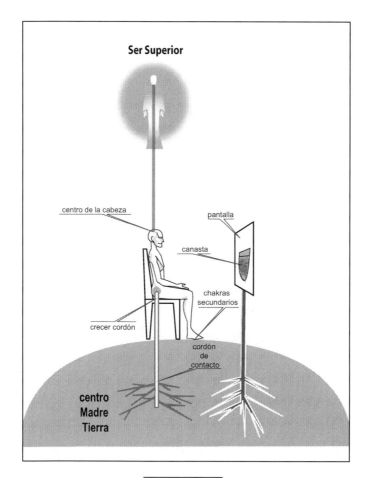

FIGURA 11a

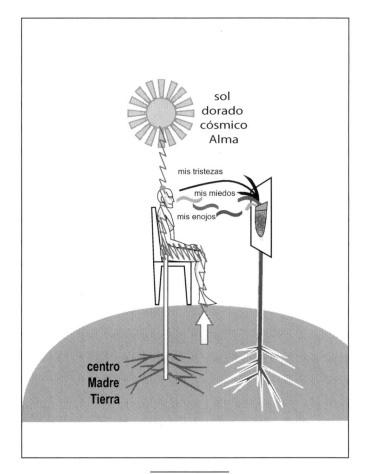

FIGURA 11b

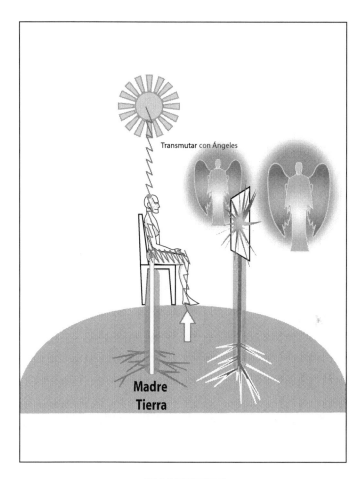

Transmutar con Ángeles

Madre Tierra

FIGURA 11c

•• 105 ••

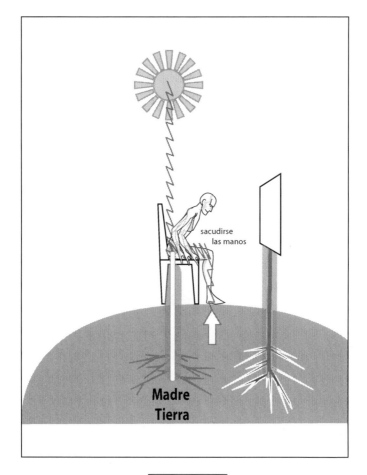

FIGURA 11d

DESPERTAR DE LA CONCIENCIA 28 de octubre.indd   106   05/11/2015   07:47:58 p. m.

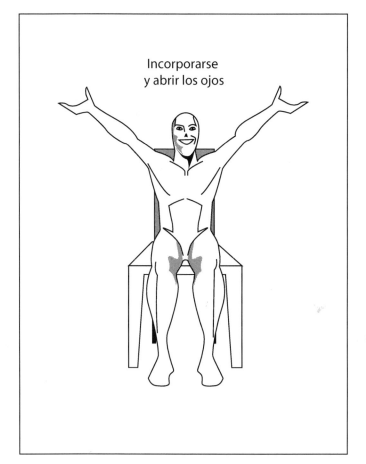

Incorporarse
y abrir los ojos

FIGURA 11e

•• 107 ••

3.1.- Las pérdidas

Ahora hablemos de las pérdidas y cómo cerrar ciclos de ellas, los seres humanos, absolutamente todos, tienen pérdidas de diferentes tipos y en diferentes aspectos y grados, cualquiera que sea el caso, toda pérdida tiene un proceso natural y es importante conocerlo y vivirlo, las etapas de éste son las siguientes:

a) Estado shock: se inicia en el momento en que reciben la noticia de la pérdida, es un estado en donde la conciencia queda bloqueada por un periodo de tiempo e incluso su cuerpo el Doble puede tomarla y ustedes perder la conciencia, todo depende del tipo de pérdida, el tiempo lo determina su propia forma de ser y el nivel de pérdida que sea. Hay Seres Humanos que pasan segundos, horas, días, meses o incluso años en ese estado.

b) Estado de negación: comienza cuando recobran la conciencia y se niegan a aceptar la pérdida como parte de su vida e incluso dicen frases como: no mientas, no puede ser, no inventes, no lo puedo creer, es imposible. Hay personas que se quedan atoradas por mucho tiempo en este estado, hasta entran en un estado que ustedes llaman locura, porque dicen que lo que les cuentan no es verdad.

c) Estado de rebeldía: principia con el contacto con sus emociones, cuando medio empiezan a aceptar que sucedió, pueden tener estados de enojos o agresiones severas, según el grado de la pérdida y tienen manifestaciones como negar o enojarse con DIOS, la Vida y con todos los demás.

d) Estado de negociación: empieza cuando dicen que si sucedió y negocian con lo que sea, en ocasiones con sus emociones como: Que bueno que se murió, porque estaba sufriendo mucho; que bueno que murió al instante, así no sufrió, etc.

e) Estado de certeza: cuando se acepta la pérdida y además se sabe que es real, en este estado si tienen la certeza de realidad, éste es un paso importante para entrar en equilibrio.

f) Estado de equilibrio: ya saben que es verdad, ahora para entrar a este estado es importante cerrar el ciclo de la pérdida ¿cómo hacerlo? Con una o varias cartas de perdón, de esta forma concluyen esa etapa en su vida, es importante que sepan que el dolor por la pérdida permanecerá siempre, porque cambió sus vidas. Sin embargo pueden ser felices, si así lo eligen, una persona que tiene pérdidas sufre mucho. El dolor significa experiencia negativa de vida y el sufrimiento es el juicio que se hace a la experiencia, si logran dejar de juzgar la experiencia, el sufrimiento desaparece, pero el dolor queda como registro en su historia, la cual no se puede cambiar. Recuerden que pueden transmutar las emociones negativas a positivas, pero no la historia de vida. Tomen todo el tiempo que necesitan cada uno de ustedes para cerrar el ciclo o ciclos por pérdidas, sólo ustedes pueden decidir cuando ya se terminó este periodo de duelo, podría ser desde algunas semanas, meses o años, ustedes deciden. En ocasiones ha durado varias vidas.

Después de que cierren el ciclo, les sugerimos hacer un proyecto de vida.

3.2.- El porqué de las enfermedades y la autosanación

Las enfermedades son un lenguaje en su cuerpo físico de todas las emociones que tienen atoradas, como autoconocimiento de éstas, para hacerles saber que la energía negativa requiere ser transmutada. Lo primero que necesitan para sanar la parte enferma de su cuerpo es el conocimiento de qué emoción está ahí atorada, reconocerla y hacerse responsables de que sólo ustedes la generaron. Si lo hacen entonces es muy fácil transmutarla, es muy importante que encuentren la causa –raíz- que originó la enfermedad, recuerden que ésta se encuentra en la niñez, ¿qué es una raíz? Es una experiencia, en la mayoría de ustedes traumática y dolorosa, que vivieron en la niñez, generándose en creencias y emociones negativas como detonador inicial de una enfermedad futura. Cuando toman la decisión de ser salud, aún cuando están enfermos, quiere decir que en sus futuros presentes se manifiesta esta salud. En ocasiones las causas de ciertas enfermedades no están en la niñez, como la gripa, la diarrea, la fiebre, un dolor de cabeza, éstas son desintoxicación de exceso de energía negativa en su cuerpo físico, realmente nos referimos a enfermedades crónicas, degenerativas o terminales, aún éstas últimas se pueden sanar y evitar la muerte, siempre y cuando la persona tenga aún tiempo en su contrato de vida y si no tiene tiempo puede pedirle a su Ser Superior, si así lo desea, que por favor cambie su contrato y le de más tiempo de vida, si el Ser Superior lo acepta, la persona se sanará. Nosotros los Ángeles le acompañamos al Registro Akáshico, para cambiar ese contrato y hacer uno nuevo.

3.3.- Procedimiento de autosanación

Lleva a cabo los siguientes pasos y mientras tanto pídenos a los Ángeles del Rayo Verde que te pongamos los medicamentos que correspondan a tu enfermedad según el listado de códigos que te entregamos a continuación, éste esta estructurado por sistemas, patologías de cada sistema con su significado emocional y procedimiento de códigos de medicamentos y en algunos casos cirugía en quirófano espiritual, nosotros los llevamos a él:

Primer paso

La fe "certeza absoluta de que algo es" ¿cómo desarrollar la fe? En el capítulo VII les damos un ejercicio. La fe es lo primero que se necesita para hacer los cambios, transmutaciones hacia su salud física, mental, emocional. Elijan salud perfecta para su cuerpo físico.

Segundo paso

Pídanos a los Ángeles que les administremos los medicamentos correspondientes.

Tercer paso

Encuentren la causa-raíz, pueden hacerlo a través de las técnicas que se mencionan en este mismo capítulo. Realicen las cartas de perdón correspondientes.

Cuarto paso

Cierren los ciclos necesarios escribiendo su historia negativa de vida, hagan cartas de perdón con cada persona que han conocido y hayan tenido problemas, anulen con el Ser Supremo los contratos que sean necesarios, hagan su recapitulación y cierren ciclos de pérdidas.

Quinto paso

Anulación de código en Akáshico, sólo en caso de que sea necesario, en el siguiente listado de códigos se indica cuándo hacerlo.

Sexto paso

En caso de cirugía espiritual, es necesario haber encontrado la causa-raíz y haberla transmutado con las cartas de perdón, anulado contratos y cerrado ciclos de pérdidas, nosotros los ayudamos a transmutar la enfermedad a salud y ustedes son responsables de transmutar sus emociones con las cartas de perdón y de anular sus contratos.

Séptimo paso

Dense la oportunidad de que la energía de salud entre en sus cuerpos, les sugerimos seguir con su médico alópata y sus medicamentos, sólo él puede retirarles los medicamentos. Los tratamientos –medicamentos espirituales- que les aplicamos sólo necesitan pedírnoslos una vez y nosotros escaneamos sus cuerpos físicos y les aplicamos las dosis que cada uno de ustedes necesiten y por el tiempo que se requiera, nos quedamos en estado de vigilia y cuidados personales para cada uno de ustedes y cuando terminen los requerimientos para la cirugía si es que la necesitan, vuelvan a llamarnos y nosotros los llevamos al quirófano y allí se hacen los transplantes, implantes, célula madre (ésta la tomamos del cordón umbilical, nosotros lo hacemos por medio de una regresión al momento de su nacimiento) eliminaciones o lo que sea necesario para cada caso, es importante que cuando se lleve a cabo una cirugía espiritual ustedes descansen de dos a tres días con reposo absoluto, esto significa que sólo se pueden levantar de la cama al baño y a bañarse, en cada patología les indicamos, si son necesarios otros cuidados, estas cirugías espirituales lo que les beneficia es que se sane el órgano enfermo más rápido y de forma, lo que ustedes llaman, milagrosa y en caso de enfermedades repetitivas como el cáncer no lo vuelvan a tener, ustedes le llaman metástasis, eso se debe a que ya sanaron la causa-raíz.

3.4.- Sistemas y aparatos del organismo humano y sus patologías

Agradecemos la participación de la Dra. Verónica del Río por la estructura y recopilación de información médica.

Utilizamos las siguientes siglas: "SEN" significado de emociones negativas "CME" cirugía y medicamentos espirituales y "CCE" cuidados para cirugía espiritual.

• • 111 • •

Demos un ejemplo de cómo hacer las peticiones, cómo necesitan descansar uno o varios días: nos pueden llamar a las once de la noche, cuando ya estén en cama y al día siguiente descansan los días indicados, las personas que estén en hospitales, no requieren en primera instancia de llevar a cabo los pasos arriba mencionados. Solo nos llaman y nosotros les pondremos los medicamentos correspondientes y les haremos las cirugías que sean necesarias, sin embargo, cuando salgan del hospital es importante que sanen la causa-raíz, en caso de niños, los padres pueden llevar a cabo los ejercicios necesarios para que sus hijos se sanen, -anular contratos por ellos, en este caso den el nombre completo de su hijo al Ser Supremo cuando lo hagan y a nosotros también para que acudamos a su ayuda y sanación de personas que estén en el hospital y de sus pequeños, ejemplo de albinismo: llámenos tres veces: Ángeles del Rayo Verde, Ángeles del Rayo Verde, Ángeles del Rayo Verde, gracias, gracias, gracias, Arcángel Rafael, Ángeles, mi nombre completo es _____ les agradezco anularme el código de albinismo en akáshico y hacerme cirugía espiritual con la creación a nivel ADN de protección UV, melanina y tirosinansa. Gracias, gracias, gracias, los amo, amén. En caso de hacerlo para un niño es: el nombre completo de mi hijo es _____.

Es importante que recuerden que el lado izquierdo de su cuerpo es femenino y el derecho masculino, esto significa que lo que les ocurre del lado izquierdo tiene que ver con una o varias mujeres y el derecho con uno o varios hombres.

Sistema integumentario y tejido celular subcutáneo

Canas
SEN: mucho estrés que significa miedo, éstas se heredan por genética y se detonan en las personas por aprender el mismo lenguaje de los padres y del medio ambiente.
CME: cirugía espiritual se agradece escanear los folículos de cada cabello, sacar el aire de la médula y agregar melanina en bulbo, corteza y médula, revisar el color que le corresponde y ponerlo.
CCE: un día de reposo.

Uñas quebradizas, débiles y secas
SEN: traumas emocionales de la infancia no superados, como miedos, impotencia, sobre todo en el dar y recibir.
CME: keratina y vitamina E.
CCE: ninguno.

Albinismo
SEN: vulnerabilidad al medio ambiente y a las personas, se sienten blancos fáciles de juicio, sienten soledad y tristeza. Congénito.
CME: anulación de código de albinismo en akáshico y cirugía espiritual con la creación a nivel ADN de protección UV, melanina y tirosinasa.
CCE: dos días de reposo.

Vitiligo
SEN: violación de libre albedrío, dependiendo la zona afectada se relaciona con hombres o mujeres, recuerden que el lado izquierdo es femenino y el derecho masculino, ver la lista de partes del cuerpo para hacer la relación, por ejemplo pierna derecha, la persona se siente estancada por un hombre en su avanzar por la vida, la violación de libre albedrío se refiere que no hace lo que desea, sino lo que la otra persona le indica.
CME: cuando es local –sólo una parte del cuerpo- pigmento –ungüento- y vendaje. Cuando es general –todo el cuerpo- anulación de código de vitíligo en Akáshico y cirugía espiritual con la creación a nivel ADN de pigmentación completa.
CCE: en caso de ser general, se requiere de dos días de reposo.

Psoriasis
SEN: violación de libre albedrío, es una persona que le cuesta mucho trabajo tomar sus propias decisiones, lo cual le causa depresión, en caso de niños viene de vidas pasadas.
CME: Serotonina para la depresión. Dependiendo la zona transplante de piel en esas partes del cuerpo: cuero cabelludo, cabeza, cara, cuello, brazos, centro del cuerpo, rodillas, piernas y pies.
CCE: un día de reposo.

Ecsema o dermatitis atópica

SEN: violación de libre albedrío, es una persona con muchos traumas infantiles, si es en bebés desean ser tocados o amados, se sienten solos y no saben hacia donde va su vida, falta de confianza en sí mismos.

CME: antialergénicos, su aplicación es por las noches ya que produce sueño y su duración es de doce horas, es para activar el sistema inmune y pueda funcionar adecuadamente y aplicación en inyecciones cada noche por el tiempo que se requiera. En caso de bebés, anulación de código de falta de confianza en sí mismos y la creación del código de confianza en sí mismos.

CCE: ninguno.

Dermatitis por contacto

SEN: se tienen alergias a otras personas, que se dejan influenciar por su medio ambiente y eso les produce mucho estrés.

CEM: vitamina E y D, antihistamínico, manzanilla y oxido de zinc.

CCE: ninguno.

Urticaria

SEN: temores escondidos, remordimientos, miedo a ser herido, miedo a una situación que sobrepasa los límites de la persona.

CEM: crema facial que contiene antialergénico específico para estabilizar, antihistamínico y antinflamatorio.

CCE: en caso de urticaria crónica se requiere dos días de reposo.

Acné

SEN: falta de expresión de emociones, vergüenza de lo que siente, siente su imagen deteriorada y no sabe cómo comunicarse con los demás.

CEM: acné vulgaris; acné popular; acné conglobata, cápsula y una pomada cutánea, contiene un estabilizador hormonal, de glándulas y de estrés. Para acné conglobata, anestesia, se abre cada lesión, se raspa y rellena con célula madre, se sutura para cerrar, se pone la pomada y un parche para que no quede cicatriz y se toma la cápsula.

CCE: ninguno.

Rosácea

SEN: enojo reprimido con mucho resentimiento, personas impacientes, que ocultan sus emociones para que nadie las note.

CME: vendas o mallas en frío, hechas a base de algas, se reabsorben solas, se aplican por un mínimo de cuarenta y dos días.

CCE: ninguno.

Quemaduras

SEN: enojo extremo al nivel de no darse cuenta de lo que viven en tiempo presente y su estado emocional siempre está alterado, dependiendo del grado de quemadura.

CME: Primer grado restaurador acelerado de epidermis, analgésico y antiflamatorio; segundo grado analgésico, antiflamatorio, regenerador con efecto acelerado y drenaje; tercer grado cirugía tiene morfina, plasma restaurador, se hace trasplante de piel (cirugía espiritual) se revisan los órganos (para ver si están afectados) y se hace lo que sea necesario.

CCE: en caso de ser tercer grado, generalmente los pacientes están en cama, en caso de que no se requiere de tres días de reposo.

Úlceras

SEN: complacer todo el tiempo a los demás, enojo interno por no saber decir "no" perdonarse a sí mismos y a los demás es la mejor forma de que cicatricen las úlceras.

CME: venda fría en área afectada, contiene antiflamatorio, antibiótico y nosotros los Ángeles les damos masaje al área afecta.

CCE: ninguno.

Hiperpigmentaciones

Existen diferentes tipos como:

Nuevo lunar.

Nuevo lunar azul benigno.

Efélides –pecas en jóvenes.

Lentigines –pecas en adultos.

Mancha mongólica –mancha negra-grisácea desde el nacimiento.

SEN: las manchas son una llamada de atención, la persona necesita un cambio de identidad, ya no le funciona lo que está haciendo, necesita sacudirse lo que no le sirve, es un dolor interior tomando forma, en caso de manchas de nacimiento, son marcas de vidas pasadas.

CME: al cambiar y soltar lo negativo y trasmutarlo a positivo y sentirse bien con quien es, las manchas van desapareciendo, se pueden romper contratos con el Ser Supremo.

CCE: ninguno.

Hematomas y equimosis

SEN: conductas impulsivas y toscas en sus movimientos, sentimientos de culpa, motivo por el cual se golpean involuntariamente y por ello le salen moretones.

CME: árnica con analgésico, es una pomada que se aplica con vendaje.

CCE: ninguno.

Infecciones virales de la piel o exantemas virales

SEN: en los niños tiene que ver con estrés emocional que sienten de su entorno, en un adulto le da cuando está harto.

CME: para rubéola, varicela, sarampión, eritema infeccioso, son inyecciones para cada infección.

CCE: ninguno.

Herpes simple

SEN: son juicios severos hacia el sexo contrario y que no se expresan, es un autocastigo por haber pensado de esa forma, de los genitales, son sentimientos de culpa por haber utilizado sus órganos de una forma inadecuada, con alguien con quien no quería hacerlo, es autocastigo.

CME: para lesiones en la boca, ungüento; para lesiones genitales, inyecciones.

CCE: ninguno.

Herpes zoster

SEN: falta de amor a sí mismo, mucha infelicidad y vergüenza, siente que se quema por dentro.

CME: analgésico, vitamina B12 y vitamina C, ungüento y cápsulas, el ungüento es aplicado en la piel, se aplica también un recubrimiento gel para evitar que la piel esté hipersensible.

CCE: ninguno.

DESPERTAR DE LA CONCIENCIA 28 de octubre.indd   116   05/11/2015   07:47:59 p. m.

Dermatofitosis

Tiña pedis –pie de atleta.

Tiña cruris –es inguinal.

Tiña capitis –es cuero cabelludo.

Tiña corporis –en torax.

Tiña unguium-nicomicosis uñas de los pies o de las manos.

Tiña versicolor –paño- -manchas blancas- -rostro.

Tiña barbae –se da en la barba de los hombres- -se da por no cambiar el rastrillo.

Candida cutánea –no es una tiña pero si un hongo- -generalmente se da en pliegues sudorosos en pacientes inmunosuprimidos.

Caspa –no es tiña, es un hongo- -cuero cabelludo.

SEN: dependiendo la parte del cuerpo en donde esté el hongo o tiña, se utiliza el significado emocional de esa parte más enojo, ira y hastío.

CME: inyecciones antihongos.

CCE: ninguno.

Absceso

SEN: sentimientos de tristeza con sensación de fracaso, mucho estrés y que dramatizan todo lo que no les gusta, deseos de venganza.

CME: pomada que tiene granulitos de antibiótico y además está hecha a base de antinflamatorios, analgésico, cauterizador, cicatrizante y regenerador, se utilizan parches para que no queden cicatrices. Cirugía espiritual en la zona.

CCE: ninguno.

Calvicie

SEN: miedo a perder el control sobre los demás, imponen sus puntos de vista, en alguna área de su vida o en todo, autoritarismo. Si es en niños viene de vidas pasadas.

CME: cirugía espiritual, se hace trasplante de cuero cabelludo, implante de célula madre pluripotencial con información de respeto hacia los demás. Si es en la niñez se anulan contratos de calvicie de vidas pasadas en Akáshicos.

CCE: dos días de reposo.

Hidrolipodistrofia (conocida como celulitis)

SEN: traumas infantiles, personas que no se atreven a desarrollar su creatividad, se contienen y endurecen consigo mismas, como si no pasara nada.

• • 117 • •

CME: empaste y vendas, contiene siete hierbas, estabilizador hormonal y cafeína, cuando es muy severa se requiere cirugía espiritual, trasplante de piel, se hace un raspado y drenaje de grasa y se implanta célula madre pluripotencial. CCE: en caso de cirugía espiritual dos días de reposo.

Cáncer de piel
Melanoma.
Carcinoma de células basales.
Carcinoma de células escamosas.
Micosis fungoides.
SEN: resentimientos por violación de libre albedrío.
CME: cirugía espiritual: para melanoma, quimioterapia y para los demás radiación. Anulación de contratos en Akáshico de cáncer de piel y metástasis.
CCE: tres días de reposo.

Xantomas y xantelasmas
SEN: sentimientos de tristeza y resentimientos.
CME: tratamiento láser, se aplica en la lesión por 30 segundos.
CCE: ninguno.

Lipoma
SEN: personas lastimadas en la lactancia, ahora exageran sus emociones.
CME: parche para disolver lipoma, se pone en el área afectada.
CCE: ninguno.

Obesidad
SEN: necesidad de protegerse de algo o de alguien, por falta de protección o sobreprotección en la niñez.
CME: tratamiento para disolver grasa, reducir el tamaño de las células, eliminar las células innecesarias, control de estrés y equilibrio en metabolismo. En caso necesario implante a nivel ADN del gen de paralipina.
CCE: ninguno.

Sistema músculo-esquelético

Fisura
SEN: orgullo, no estar dispuesto a cambiar conductas establecidas.
CME: analgésico y antinflamatorio, se aplica una pasta dorada para sellar y se pone una malla semirígida.
CCE: ninguno.

Fractura
SEN: rebeldía contra la autoridad, padres, jefes, pareja, etc.
CME: cirugía espiritual, se pone un empaste de calcio para soldar hueso y un vendaje rígido.
CCE: ninguno.

Esguince
SEN: enojo y resistencia para moverse en otra dirección, complacencia hacia los demás y enojo por ello, es una llamada de atención para darse cuenta de lo que no quieres hacer.
CME: venda térmica la cual se coloca 20 minutos en frío y 20 minutos en calor, se le aplica proteína alfa a nivel intravenosa.
CCE: solicitar que se ponga de noche el tiempo que sea necesario.

Dislocación o luxación
SEN: ignorancia de cómo expresar sus emociones en forma armoniosa, se pierde el contacto con el equilibrio.
CME: cirugía espiritual, se acomoda el hueso y se pone venda –parecida al papel burbuja- para dar protección, ésta ayuda a mantener la articulación en su lugar y evita hipersensiblidad.
CCE: dos días de reposo.

Osteoporosis
SEN: mucha tristeza y quejas de todo y no hacen nada por hacer cambios, sienten que ya no tienen soporte en la vida.
CME: tratamiento calcio, vitaminas D, C y E, nosotros los Ángeles la aplicamos con la energía del Sol, se pone dopamina y serotonina. Cirugía espiritual, trasplante de sistemas óseo y endócrino.
CCE: dos días de reposo.

Osteoartritis
SEN: mucha rigidez en las ideas, conceptos y juicios.
CME: restaurador de cartílago en gel (que a su vez contiene glucosalina) y venda térmica. Cirugía espiritual, trasplante de sistema óseo e implante de cartílagos.
CCE: dos días de reposo.

Artritis reumatoide
SEN: conductas rígidas y duras, no se dan lo que les gusta, no saben pedir lo que necesitan, cuando alguien no les ayuda se desilusionan y sienten rencor, amargura, impotencia e ira, pero lo reprimen.
CME: malla térmica, si es en manos ponemos guantes en malla, calcio, serotonina y glucosalina. Cirugía espiritual, trasplante de sistema óseo, sistema inmunológico, se registran las articulaciones desconectadas en el sistema inmunológico, crecimiento y conexión del cuerpo el Doble original e integración con el actual, y colocar en el cuerpo físico del paciente.
CCE: dos días de reposo.

Gota
SEN: deseos de dominar o controlar y no lo hacen, de hecho parecen lo contrario, son inflexibles y necias en la forma en que ven el futuro, se sienten fastidiadas hacia algo o alguien.
CME: cirugía espiritual, se raspa la zona afectada se retiran las cristalizaciones y se cauteriza, se aplica inyección de ácido para gota, se hace trasplante de riñones.
CCE: tres días de reposo.

Espasmo o contractura muscular
SEN: son personas que se quedaron atrapadas en un evento en el pasado, miedo a avanzar, contención de enojos o disgustos, falta de comunicación consigo mismas.
CME: gel de miel de abeja, árnica, manzanilla y hierbas.
CCE: ninguno.

Bursitis y tendinitis
SEN: enojos reprimidos, irritación emocional, desean golpear a alguien o enojarse pero no se dan la oportunidad, tristeza interior, sienten que van

contra la corriente o se encuentran con personas que los irritan, no se aceptan como son, conflicto de valores, indecisas, con ello se crean muchos problemas internos.

CME: proteína alfa, en caso de bursitis se saca el líquido o aire y si hubiese infección se aplica antibiótico sin efectos secundarios se coloca una malla semirígida térmica en el codo o calzón en malla dorada cuando el área afectada es cadera.

CCE: ninguno.

Bursitis y tendinitis (codo del tenista)

SEN: enojos reprimidos, irritación emocional, desean golpear a alguien o enojarse pero no se dan la oportunidad, tristeza interior, sienten que van contra la corriente o se encuentran con personas que los irritan, no se aceptan como son, conflicto de valores, indecisas, con ello se crean muchos problemas internos.

CME: proteína alfa, en caso de bursitis se saca el líquido o aire y si hubiese infección se aplica antibiótico sin efectos secundarios se coloca una malla semirígida térmica que produce calor y frío en el codo.

CCE: ninguno.

Fibromialgia reumática

SEN: miedo e inflexibilidad, se ponen muchas trabas, muy negativas, viven excusándose, no hacen lo que quieren, falta de amor a sí mismas, hacia los demás, falta de respeto hacia sí mismos, podrían ser sumisas y con mucha ira reprimida. Personas que recibieron muchos golpes físicos e incluso podría ser que su cuerpo el Doble esté golpeado energéticamente, en ocasiones cruzan la línea de la muerte y están muertos en vida.

CME: proteína alfa y agujas de acupuntura se colocan en los lugares necesarios, en caso de que hayan cruzado la línea de la muerte nosotros los Ángeles les ayudamos a regresar a su planeta, en caso de que el cuerpo el Doble esté golpeado energéticamente nosotros le hacemos cirugía espiritual para restaurar ese cuerpo.

CCE: en cualquier caso se requieren dos días de reposo.

Sindrome del túnel del carpo

SEN: personas que no se dan la oportunidad de usar sus manos para sentir placer porque cree que no se lo merece, en ocasiones que trabajan por sus propios medios y les cuesta mucho esfuerzo hacerlo o que sienten que sienten abuso en su trabajo.

CME: guantes largos, inyección de vitamina B12 y proteína alfa.

CCE: ninguno.

Escoliosis

SEN: personas indecisas que se inclinan por decisiones de otros, inseguridad afectiva, les da miedo seguir su propio camino.

CME: cirugía directa en columna, se pone malla para corregir el defecto y se envuelve con ella, es como una venda que se aplica de arriba hacia abajo, se pone camiseta dorada para corregir gradualmente la postura hasta llegar a la adecuada.

CCE: dos días de reposo y durante quince días al agacharse se hace sin inclinación y durante este tiempo no cargar cosas pesadas.

Xifosis (se conoce como joroba)

SEN: personas que se cargan en la espalda a todos y todos esperan mucho de ellas, por lo tanto se exigen mucho, les cuesta mucho vivir para sí mismas.

CME: cirugía directa en columna, se pone malla para corregir el defecto y se envuelve la columna con ella, se pone camiseta dorada para corregir gradualmente la postura hasta llegar a la adecuada.

CCE: dos días de reposo y durante quince días al agacharse se hace sin inclinación y durante este tiempo no cargar cosas pesadas.

Lordosis

SEN: personas que les cuesta trabajo recibir ayuda y apoyo, en la niñez salieron adelante por sí mismas.

CME: cirugía directa en columna, se pone malla para corregir el defecto y se envuelve la columna con ella, se pone camiseta dorada para corregir gradualmente la postura hasta llegar a la adecuada.

CCE: dos días de reposo y durante quince días al agacharse se hace sin inclinación y durante este tiempo no cargar cosas pesadas.

DESPERTAR DE LA CONCIENCIA 28 de octubre.indd 122   05/11/2015 07:48:00 p. m.

Prolapso y hernia de disco

SEN: desintegración o ruptura familiar, sienten falta de apoyo por parte de la vida, miedos e inseguridades en lo material, fueron maltratadas o vivieron un abuso sexual, en caso de niños viene de vidas pasadas.

CME: proteína alfa y serotonina. Cirugía espiritual, trasplantes de columna y de sistema nervioso.

CCE: dos días de reposo y durante quince días al agacharse se hace sin inclinación y durante este tiempo no cargar cosas pesadas.

Cáncer de hueso

Osteocondroma.
Osteosarcoma.
Sarcoma de Swing.
Cáncer de hueso por metástasis.
Condrosarcoma.

SEN: resentimientos por desintegración o ruptura familiar o de estructura de vida en la niñez. En caso de niños viene de vidas pasadas.

CME: cirugía espiritual, trasplantes de sistema óseo, sistema nervioso, sistema inmunológico, en caso de que sea por metástasis, se hace trasplante del o los órganos que se encuentren con la metástasis y del centinela (anulación de código de cáncer –en akáshico y creación del código de salud absoluta- y código de muerte por cáncer, solicitar más tiempo de vida- siempre y cuando el paciente desee vivir más tiempo) quimioterapia o radioterapia según el caso, serotonina y medicamento para el sistema nervioso, implante de célula madre pluripotencial.

CCE: dos días de reposo y durante quince días al agacharse se hace sin inclinación y durante este tiempo no cargar cosas pesadas.

Osteomielitis

SEN: deseos de muerte por sentirse ya acabado y sin sentido de vida.

CME: cirugía espiritual y trasplantes de sistema óseo, sistema nervioso, sistema circulatorio, sistema inmunológico, páncreas -en caso de diabetes- anulación del código de amputación –si está en peligro alguna de sus piernas- creación del código de salud absoluta y piernas saludables- esto se hace en Akáshico, anulación de código de muerte, solicitar más tiempo de vida, si el paciente lo desea. Antibiótico, Serotonina, implante de célula madre pluripotencial.

CCE: dos días de reposo.

Aparato respiratorio

Laringitis
SEN: personas enojadas por no decir lo que deseaban, sienten que van a lastimar a alguien con sus palabras y se las tragan, generan resentimientos.

CME: jarabe o tabletas y vaporizaciones de siete hierbas.

CCE: solicitar las vaporizaciones por veinticuatro horas, reposo de dos días.

Resfriado común o gripa
SEN: desintoxicación de energía negativa, mucha tensión y muchos pensamientos negativos y ahora los están desechando, en caso de niños es congestión de emociones de las personas con las que viven.

CME: vaporizaciones de siete hierbas, por tres días, en caso de ser muy fuerte al tercer día se pone antihistamínico con paracetamol.

CCE: ninguno.

Influenza
SEN: desintoxicación de energía negativa, personas muy enojadas con mucho estrés y pensamientos negativos y ahora los están desechando, en caso de niños es congestión de emociones de las personas con las que viven.

CME: inyecciones que se aplican por siete días.

CCE: dos o más días de reposo, según se sientan.

Faringitis y amigdalitis viral y estreptocócica
SEN: personas enojadas por una situación específica, la cual sienten que no pueden tragar –creer– en niños es más común porque creen que no pueden pedir lo que necesitan y se sienten muy vulnerables o personas que no aceptan los cambios.

CME: antibiotico y lavado, drenado en faringe y laringe, se les sugiere consumo abundante de líquidos.

CCE: dos días de reposo.

Sinusitis

SEN: personas que se irritan porque sienten que alguien cercano no hace lo que ellos quieren o la contrarían, mucho enojo contenido con la vida, recuerdan constantemente todo lo negativo de su pasado.

CME: sinusitis aguda, antibiótico y gotas, cada veinticuatro horas –contiene hierbas para descongestionar. Sinusitis crónica, antibiótico y gotas, cada veinticuatro horas, cirugía espiritual, se colocan sondas de drenaje por siete días.

CCE: dos días de reposo.

Bronquitis aguda

SEN: personas que se sienten desplazadas en su familia, en ocasiones desean terminar su relación familiar, pero no lo hacen y están esperando que les reconozcan como parte de la familia, antes de enfermarse todo le parece negativo.

CME: antibiótico por veintiún días, nebulización en frío X 7 días (contiene hierbas).

CCE: dos días o más de reposo según como se sienta el paciente.

Neumonía

SEN: personas con pérdidas y miedo a la soledad, perdieron la esperanza y la alegría por vivir, en niños viene de vidas pasadas.

CME: cirugía espiritual transplante de pulmones. En niños anulación de contratos en Akáshico de pérdidas, soledad y tristeza.

CCE: ya están en reposo, de no ser así, reposo de tres días.

Tubercolosis

SEN: personas con egoísmo, que sienten desánimo, les gusta la posesión y sienten que están perdiendo todo.

CME: cirugía espiritual transplante de pulmones, se mete al paciente en un Cilindro Protector (para evitar el contagio a los demás) por un año, anulación de código en akáshico de tuberculosis.

CCE: ninguno.

Enfermedades asociadas al tabaquismo

Enfermedad aterosclerótica: coronarias (formando parte de ésta la angina de pecho y el infarto al miocárdico) vascular cerebral y vascular periférica.

Enfermedad respiratoria: infecciones de vías aéreas altas y bajas, pneumonía, Tb, bronquitis crónica, asma y enfisema.

Enfermedad cáncer: de pulmón, oral, laríngeo, esófago, estómago, páncreas, riñón, vejiga y el cervical.

Enfermedades gastrointestinales como: la gastritis, úlcera péptica y el reflujo gastroesofágico.

Problemas en el embarazo: retraso en el crecimiento fetal, aborto espontáneo, prematurez y placenta previa.

No sólo los fumadores activos corren riesgos, también los pasivos.

SEN: personas con falta de comunicación y contacto con los demás.

CME: cada caso se ve en la enfermedad correspondiente, en ocasiones se traen contratos de enfermedades asociadas al tabaquismo y se usan como detonadores de las enfermedades, romper contratos con Ser Supremo, tanto de enfermedades asociadas al tabaquismo, como fumador activo.

CCE: ninguno.

Enfisema pulmonar

SEN: personas con edades mayores que empiezan a hacerse cargo de sí mismos y eso les produce miedo, sienten que no van a poder, resentimiento por la vida.

CME: tratamiento para enfisema pulmonar, cirugía espiritual trasplante de pulmones.

CCE: dos días de reposo.

Bronquitis crónica

SEN: personas con emociones negativas que se sienten permanentemente desplazadas en sus lazos familiares, les cuesta trabajo tomar su puesto familiar.

CME: tratamiento para bronquitis crónica. Cirugía espiritual trasplantes de sistema respiratorio y sistema inmunológico.

CCE: dos días de reposo.

Asma

SEN: personas que se sienten asfixiadas por otras, son inseguras y emocionalmente con desequilibrio, en bebés viene de una vida pasada.

CME: tabletas y jarabe para relajar los músculos de y alrededor de las vías respiratorias que se tensan durante un ataque de asma, esteroides que re-

ducen las flemas en los pulmones. Cirugía espiritual trasplante de sistema respiratorio. Anular contratos en Akáshico de asma.
CCE: ninguno.

Pleuritis
SEN: miedo a la vida, sentimientos de culpa por no saber vivir plenamente.
CME: inyección B12.
CCE: ninguno.

Efusiones pleurales
SEN: son personas que experimentan constante miedo, tristeza y angustia, sienten cansancio moral.
CME: drenaje de líquido y cuerpos extraños de los pulmones. Cirugía espiritual trasplante de sistema respiratorio.
CCE: dos días de reposo.

Empiema
SEN: mucho enojo acumulado hacia la vida.
CME: antibiótico y cirugía espiritual transplante de sistema repiratorio.
CCE: dos días de reposo.

Neumotórax
SEN: miedo a la vida y sin sentido de vida.
CME: agradecernos a los Ángeles que llevemos al paciente al Corazón de EL TODO "DIOS" para que junto con Él tomen decisiones por su vida.
CCE: dos días de reposo.

Hipertensión pulmonar
SEN: miedo a la vida y sin sentido de vida.
CME: agradecernos a los Ángeles que llevemos al paciente al Corazón de EL TODO "DIOS" para que junto con Él tomen decisiones por su vida.
CCE: dos días de reposo.

Edema pulmonar
SEN: miedo a la vida y sin sentido de vida.

CME: agradecernos a los Ángeles que llevemos al paciente al Corazón de
EL TODO "DIOS" para que junto con Él tomen decisiones por su vida.
CCE: dos días de reposo.

Tromboembolia pulmonar (tep)
SEN: sentimientos de culpa por algo que hicieron o que no hicieron y su-
fren de una emoción negativa por esa situación como de vida o muerte y
desean morir.
CME: agradecernos a los Ángeles que llevemos al paciente al Corazón de
EL TODO "DIOS" para que junto con Él tomen decisiones por su vida.
CCE: ya están en reposo.

Síndrome de diestrés respiratorio del neonato
SEN: viene de una vida pasada, este síndrome es en bebés que tienden a
ser prematuros.
CME: agradecernos a los Ángeles que llevemos al bebé al Corazón de El
TODO "DIOS" para que Él sane sus pulmones y nazca con salud absoluta.
CCE: ninguno.

Síndrome de diestrés respiratoria del adulto
SEN: deseos de muerte.
CME: agradecernos a los Ángeles que llevemos al paciente al Corazón de
EL TODO "DIOS" para que junto con Él tomen decisiones por su vida.
CCE: dos días de reposo.

Falla respiratoria
SEN: deseos de muerte
CME: agradecernos a los Ángeles que llevemos al paciente al Corazón de
EL TODO "DIOS" para que junto con Él tomen decisiones por su vida.
CCE: ya está en reposo.

Neoplasias
Pólipos laríngeos.
SEN: mucho resentimiento por algo no resuelto y se calló.
CME: cirugía espiritual trasplantes de laringe y sistema inmunológico.
CCE: dos días de reposo.

Cáncer laríngeo

SEN: mucho resentimiento por algo no dicho durante toda su vida.
CME: cirugía espiritual trasplantes de laringe y sistema inmunológico y radiaciones.
CCE: dos días de reposo.

Cáncer de pulmón

SEN: mucho resentimiento hacia la vida.
CME: cirugía espiritual trasplantes de sistema respiratorio y sistema inmunológico; quimioterapia y radiaciones.
CCE: dos días de reposo.

Aparato cardiovascular

Hipotensión arterial

SEN: evasión de las situaciones negativas y constantemente lo hacen a través de desmayos, les cuesta mucho trabajo enfrentarse a los demás y se alejan de todo.
CME: Serotonina, se pone inyección intravenosa compuesto estabilizador de la presión arterial.
CCE: ninguno.

Hipertensión arterial

SEN: personas altamente sensibles, suelen tener mucho estrés y no lo descargan, complacientes con los demás y muy presionadas, no saben decir "no" son hiperactivas, con sufrimiento mental por heridas del pasado.
CME: Serotonina, se aplica inyección intravenosa compuesto estabilizador de la presión arterial y les sugerimos reducir alimentos con sodio o sal en su dieta. Cirugía espiritual trasplantes de sistema circulatorio y sistema inmunológico.
CCE: dos días de reposo.

Aneurisma

SEN: ruptura familiar, generalmente son ellas quien toman la decisión, aún cuando sienten que el corazón se los destrozaron.
CME: cirugía espiritual trasplante de corazón, de sistema circulatorio y sistema inmunológico; aplicación de Esferas de Luz, implante de sentido de

vida, agradecernos a los Ángeles que llevemos al paciente al corazón de EL TODO "DIOS" para que allí con Él tomen decisiones sobre su vida.
CCE: dos días de reposo.

Venas varicosas
SEN: personas que se sienten enojadas y tristes por no poder avanzar, generalmente se relaciona con trabajos laborales, sin embargo podría ser con crecimiento personal o espiritual.
CME: Serotonina, se pone una Malla de Compresión y de Movimiento (ésta vibra cada determinado tiempo para mejorar la circulación, cirugía espiritual trasplantes de sistema circulatorio y sistema inmunológico.
CCE: dos días de reposo.

Flebitis, trombosis venosa profunda, tromboflebitis y trombo embolia
SEN: personas que sólo perciben lo negativo y se quedan estancadas en la tristeza, esperando que algo o alguien las salve, son inflexibles y muy rígidas.
CME:
Flebitis: inyección intravenosa y Vendaje de Compresión en el área afectada.
Trombosis venosa profunda: código Trombovenosa.
Tromboflebitis: código Tromboflebitis.
Tromboembolia: código Tromboembolia.
En cualquiera de los tres casos anteriores agregar Cilindro Blanco (es un cilindro especial para todo tipo de problemas cardiovasculares, se colocan agujas en las plantas de los pies que hacen la función de reflexología y se programa tratamiento para trombo según el caso, cirugía espiritual trasplantes de sistema circulatorio y sistema inmunológico.
CCE: en cualquier caso dos días de reposo.

Fístula arteriovenosa
SEN: personas que les cuesta mucho trabajo separar las emociones de los hechos y se siente atorada tanto en la comunicación como en el circular por la vida, tristeza profunda, si es congénita, viene de vidas pasadas.
CME: se hace un tratamiento de terapias de coagulación con láser y cirugía espiritual trasplantes de sistema circulatorio y sistema inmunológico. Anulación de contrato en Akáshico de Fístula Arteriovenosa.
CCE: dos días de reposo.

Enfermedad vascular arterial periférica

SEN: mucha tristeza y generalmente se encuentran en estados negativos.

CME: inyección intravenosa para aumentar la distribución de oxígeno en los músculos cirugía espiritual trasplantes de sistema circulatorio y sistema inmunológico.

CCE: dos días de reposo.

Vasculitis

SEN: personas que sienten que la vida no vale la pena y tienen mucha tristeza y confusión emocional.

CME: cirugía espiritual trasplantes de sistema circulatorio y sistema inmunológico.

CCE: dos días de reposo.

Fiebre reumática

SEN: personas con mucho enojo y falta de amor hacia sí mismos o hacia otras personas, tienen autoestima baja y mucha tristeza.

CME: tratamiento de Serotonina (para la depresión) Cirugía espiritual trasplantes de corazón y sistema inmunológico, se da de alta el corazón en el sistema inmunológico, porque el corazón se desconectó del registro del sistema inmunológico, solicitarnos a los Ángeles que encontremos el cuerpo el Doble original y lo conectemos de nuevo.

CCE: dos días de reposo.

Endocarditis bacteriana

SEN: personas que dan más de lo que poseen, tanto en lo emocional, amor o materialmente, todo para sentir que los demás las aman, sin embargo esta forma de ser les genera enojo y fastidio.

CME: se toma una muestra de sangre de 7 ml del paciente y en laboratorio espiritual se hace un cultivo. Ahí analizamos el tipo específico de bacteria, realizamos alteración bioquímica en sangre y la inyectamos al paciente como antibiótico, el tratamiento es una inyección al día durante cuarenta y dos días. Cirugía espiritual trasplantes de válvulas del corazón, sistema circulatorio y sistema inmunológico.

CCE: dos días de reposo.

Enfemedades valvulares

SEN: personas con mucha tristeza en la vida, les cuesta mucho trabajo vivir, no comprenden porqué se encuentran aquí.

CME: cirugía espiritual trasplantes de válvulas dañadas, trasplante de sistema circulatorio y sistema inmunológico, implante de sentido de vida e implante de alegría.

CCE: dos días de reposo.

Arritmias

SEN: manejo de emociones en altas y bajas, no saben como centrarse en la alegría, no liberan las emociones de enojo, tristeza, angustia, sólo las ocultan y creen estar alegres y después hacen contacto con ellas y están tristes.

CME: cilindro, se escanea el tipo de arritmia y se le inyecta directo al corazón y se deja programado el cilindro hasta que el paciente sana.

CCE: dos días de reposo.

Angina de pecho

SEN: personas con falta de amor a sí mismas, tienen miedo de vivir otro dolor emocional, desean paz interior y no saben cómo lograrlo.

CME: cirugía espiritual trasplantes de corazón, sistema circulatorio, sistema nervioso y sistema inmunológico.

CCE: dos días de reposo.

Infarto al miocardio

SEN: personas que sienten alegría solo a través del dinero, poder o posición social, tienen mucha tensión y enojo, lo controlan en su interior y no expresan estas emociones, se sienten fracasadas y falta de amor.

CME: tratamiento para infarto, aspirina, mascarilla de oxígeno y Cilindro con programación de tratamiento para infarto. Cirugía espiritual trasplante de corazón, sistema circulatorio, sistema nervioso y sistema inmunológico.

CCE: dos días de reposo.

Falla cardiaca congestiva

SEN: deseos de morirse porque no saben cómo ser felices en la vida.

CME: cilindro programado para tratamiento y cirugía espiritual trasplantes de corazón, sistema circulatorio, sistema nervioso, sistema respiratorio y sistema inmunológico.
CCE: dos días de reposo.

Cardiomiopatías
SEN: sentimientos de mucha tristeza y falta de amor hacia sí mismos, los demás y hacia la vida, siempre viene de vidas pasadas.
CME: cilindro y se programa el tratamiento, si están afectados pulmones y se programa el tratamiento, cirugía espiritual trasplantes de corazón, sistema circulatorio, sistema nervioso, sistema respiratorio y sistema inmunológico. Anulación de contratos en Akáshico de cardiomiopatías.
CCE: dos días de reposo.

Pericarditis
SEN: personas muy enojadas con la vida y no se dan permiso de vivir la alegría de la vida.
CME: cirugía espiritual trasplantes de corazón, pericardio, sistema circulatorio, sistema nervioso y sistema inmunológico.
CCE: dos días de reposo.

Tamponade
SEN: deseos de morir, sin sentido de vida y falta de amor a sí mismos.
CME: cirugía espiritual trasplante de corazón, sistema circulatorio, sistema nervioso y sistema inmunológico.
CCE: dos días de reposo.

Enfermedades cardiacas congénitas
No cianotizantes:
Defecto septal ventricular.
Defecto septal interatrial.
Situs inversus.
Ductus arteriosus.
Estenosis pulmonar o aórtica.
Coartación de la aorta.

Cianotizantes
Trasposición de grandes vasos.
Troncus arteriosus.
Tetralogía de Fallot.
SEN: viene de vidas pasadas.
CME: cirugía espiritual trasplantes de corazón, sistema circulatorio, sistema nervioso y sistema inmunológico. Anulación de contratos en Akáshico de enfermedades cardiacas congénitas.
CCE: dos días de reposo.

Neoplasias
Mixoma.
Angiosarcomas y rabdomiosarcomas.
Tumores metastáticos de corazón.
SEN: mucho resentimiento por falta de amor a sí mismos y sienten falta de amor por parte de los demás hacia ellos.
CME: quimioterapia y cirugía espiritual trasplantes de corazón, sistema circulatorio, sistema nervioso y sistema inmunológico. Cuando es por metástasis trasplantes de los órganos o sistemas en donde se inició el cáncer y los que se encuentren con metástasis. Si es necesario radioterapia, solicitarla también.
CCE: dos días de reposo.

Sistema Hematopoyético (sangre y sus células)

Anemia ferropénica
SEN: deseos de morir, han perdido la alegría por la vida y les cuesta mucho trabajo la actividad diaria, son depresivas.
CME: tratamiento de serotonina por siete semanas e implante de células que producen la serotonina, trasfusión sanguínea, inyecciones de Hierro y vitamina C, cóctel de vitaminas.
CCE: dos días de reposo.

Anemia por enfermedad crónica
SEN: deseos de morir, han perdido la alegría por la vida y les cuesta mucho trabajo la actividad diaria, son depresivas.

CME: cilindro, programar tratamiento "anemia por enfermedad crónica" trasplante de hormona estimulante de médula ósea, para que produzca glóbulos rojos.
CCE: dos días de reposo.

Anemia megaloblástica
Anemia por deficiencia de folatos.
Anemia por falta de vitamina B12.
SEN: deseos de morir, han perdido la alegría por la vida y les cuesta mucho trabajo la actividad diaria, son depresivas.
CME: anemia por deficiencia de folatos: ácido fólico en cápsulas (una al día). Anemia por falta de vitamina B12: B12 inyección intramuscular, ambos tratamientos por siete semanas. Tratamiento de serotonina por siete semanas e implante de células que producen la serotonina, trasfusión sanguínea.
CCE: dos días de reposo.

Anemia aplástica
SEN: deseos de morir, han perdido la alegría por la vida y les cuesta mucho trabajo la actividad diaria, son depresivas.
CME: trasplante de médula ósea y transfusión sanguínea.
CCE: dos días de reposo.

Anemia hemolítica
Anemia por deficiencia de glucosa-6-6fosfato-deshidrogenasa.
Anemia hemolítica autoinmune.
SEN: deseos de morir, han perdido la alegría por la vida y les cuesta mucho trabajo la actividad diaria, son depresivas.
CME: cilindro, tratamiento "Anemia Hemolítica" (ácido fólico, hierro, corticoesteroides) transfusión de sangre, trasplante de sistema inmunológico. Genoterapia "plasma blanco" (sólo si es tipo de AH hereditaria) Se aplica por inyección.
CCE: dos días de reposo.

Eritroblastosis fetal
SEN: sentimientos de rechazo a la vida, viene de vidas pasadas.
CME: en caso de que la madre no recibió la vacuna Rh GAM la cual se le aplica después del nacimiento de su primer hijo Rh negativo, para así prevenir

la formación de los anticuerpos. Si el bebé nace afectado, lo primero que hacen los médicos es una transfusión de sangre Rh positivo. Antes del nacimiento nos pueden solicitar el código Cilindro Blanco y programar transfusión de sangre por eritroblastosis, nivelar oxígeno el tiempo necesario.
CCE: dos días de reposo.

Agranulocitosis
SEN: falta de sentido de vida, como consecuencia ya no le interesa defenderse y se da por vencida.
CME: antibiótico durante 56 días y aplicación de Litio el tiempo necesario.
CCE: dos días de reposo.

Talasemias
SEN: viene de vidas pasadas y se hereda por genética.
CME: terapia genética en alpha o beta y en Beta Talasemia trasplante de médula ósea y transfusión sanguínea. Anulación en akáshico del código de Talasemia.
CCE: dos días de reposo.

Aplasia de células rojas
SEN: falta de sentido de vida y deseos de muerte.
CME: cilindro y programar trasplante de sangre al cien por ciento y trasplante de médula ósea y de sistema inmunológico.
CCE: dos días de reposo.

Policitemia vera
SEN: desequilibrio emocional, falta de sentido de vida, deseos de muerte y deseos de que alguien se muera, éste último si la enfermedad llega a leucemia.
CME: tratamiento Plaqueta (durante 21 semanas) cirugía espiritual transfusión sanguínea, trasplante de bazo, de plaquetas, de médula ósea y sistema inmunológico.
CCE: dos días de reposo.

Hemofilias a y b
SEN: mucha tristeza, sentimientos de abandono y de impotencia. Enfermedad hereditaria, lo cual significa que los sentimientos fueron heredados.

DESPERTAR DE LA CONCIENCIA 28 de octubre.indd   136

05/11/2015   07:48:00 p. m.

CME: terapia genética H A o B según el caso.
CCE: dos días de reposo.

Enfermedad de von willebrand
SEN: tristeza profunda, eventos donde se generaron sentimientos de abandono y de impotencia ante la estructura de vida. Enfermedad hereditaria, lo cual significa que los sentimientos fueron heredados.
CME: terapia genética.
CCE: dos días de reposo.

Deficiencia de vitamina k
SEN: sentimientos de tristeza, abandono e impotencia.
CME: Vitamina vía intravenosa y se les sugiere el consumo de hojas verdes, hígado, cereales integrales y aceite de soya.
CCE: ninguno.

Coagulacion intravascular diseminada
SEN: mucha tristeza acumulada, deseos de muerte y mucha impotencia, se encuentra desconectado en su vida.
CME: cilindro, programar tratamiento CID, anulación en akáshico de código de muerte, cirugía espiritual transfusión sanguínea, trasplante de sistema circulatorio, transplante de cerebro, trasplante de pulmones, trasplante de riñones y de sistema inmunológico. Si el paciente está en estado de coma, solicitarnos a los Ángeles que hablemos con su Ser Superior para regresar a su cuerpo el Doble a su cuerpo Físico y hacer la conexión correspondiente en el chakra Alfa, si nos es otorgado el permiso, el paciente recobra su conciencia.
CCE: ya está en reposo.

Púrpura trombocitopénica idiopática
SEN: desconexión con la vida y la alegría de vivir, deseos de muerte, cuando es en niños viene de vidas pasadas.
CME: aplicar tratamiento Púrpura TI (vía intramuscular en área afectada) pedir conexión del cuerpo el Doble y en el registro de sistema inmunológico registrar como parte del cuerpo al bazo y al sistema circulatorio, para que éste sistema deje de atacar a ese órgano y a ese sistema, cirugía espiritual,

transfusión sanguínea, trasplante de bazo, plaquetas, sistema circulatorio y sistema inmunológico.

CCE: ya está en reposo.

Hemorragias y transfusiones

SEN: falta de alegría y sentido de vida.

CME: cilindro y agradecernos a los Ángeles que llevemos a la persona con DIOS para que sea Él quien le haga la transfusión y detenga la hemorragia y que hable con su Ser Superior para que si el lo permite se le ponga tratamiento para la depresión y sentido de vida. En caso de riesgo de muerte, solicitarnos revisiones en akáshico de contratos de vida. Si es aceptado se extenderá el tiempo de vida.

CCE: ya está en reposo.

Bacteriemia y sepsis

SEN: mucha ira contra la vida y consigo mismo.

CME: Bacteriemia: aplicar antibiotico vía intramuscular. Cilindro programar tratamiento. En caso de terapia intensiva: transfusión saguínea.

CCE: dos días de reposo.

Malaria o paludismo

SEN: personas que se dejan influenciar fácilmente por otras y sienten mucho enojo y fastidio, por lo tanto entran en depresión.

CME: tratamiento para malaria o paludismo.

CCE: dos días de reposo.

Mononucleosis infecciosa

SEN: sentimientos de culpa, cansancio a la vida, enojos por falta de expresión de sus emociones.

CME: tratamiento plaqueta MI.

CCE: dos días de reposo.

Leucemia linfocítica aguda

SEN: sentimientos conscientes o inconscientes de derrota y deseos de asesinar a alguien, viene de vidas pasadas, generalmente surge de los tiempos de la guerra en donde el deseo de asesinar fue implantado en los soldados o deseos de asesinar por haber vivido la pérdida de sus familias.

CME: tratamiento LLA (quimioterapia o radioterapia) cirugía espiritual trasplante de médula ósea, bazo, plaquetas y transfusión sanguínea, trasplante de sistema inmunológico y sistema nervioso. Terapia genética Linfo. Anulación de contratos en Akáshico de Leucemia Linfocítica Aguda y de muerte. Hacer nuevo contrato de vida.

CCE: dos días de reposo.

Leucemia mielocítica aguda

SEN: sentimientos conscientes o inconscientes de derrota y deseos de asesinar a alguien, viene de vidas pasadas, generalmente surge de los tiempos de la guerra en donde el deseo de asesinar fue implantado en los soldados o deseos de asesinar por haber vivido la pérdida de sus familias.

CME: tratamiento LMA, (quimioterapia o radioterapia) cirugía espiritual trasplante de médula ósea, bazo, plaquetas y transfusión sanguínea, trasplante de sistema inmunológico y sistema nervioso. Anulación de contratos en Akáshico de Leucemia Mielocítica Aguda y de muerte. Hacer nuevo contrato de vida.

CCE: dos días de reposo.

Leucemia linfocítica crónica

SEN: sentimientos conscientes o inconscientes de derrota y deseos de asesinar a alguien, viene de vidas pasadas, generalmente surge de los tiempos de la guerra en donde el deseo de asesinar fue implantado en los soldados o deseos de asesinar por haber vivido la pérdida de sus familias.

CME: tratamiento LCP (quimioterapia o radioterapia) Aplicar durante siete meses. Cirugía espiritual trasplante de médula ósea, bazo, plaquetas y transfusión sanguínea, trasplante de sistema inmunológico y sistema nervioso. Anulación de contratos en Akáshico de Leucemia Linfocítica Crónica.

CCE: dos días de reposo.

Linfoma de hodqkin

SEN: deseos de aceptación por parte de los demás, se esfuerzan en demasía por ser reconocidos hasta que se dan por vencidos y pierden la alegría y el sentido de vida.

CME: quimioterapia o radioterapia, tratamiento con célula madre. Anulación de contratos en Akáshico de Linfoma de Hodqkin y de muerte. Hacer nuevo contrato de vida y sentido de vida.
CCE: dos días de reposo.

Linfoma no hodqkin

SEN: deseos de aceptación por parte de los demás, se esfuerzan en demasía por ser reconocidos hasta que se dan por vencidos y pierden la alegría y el sentido de vida.
CME: tratamiento quimioterapia o radioterapia. Anulación de contratos en Akáshico de Linfoma no Hodqkin y de muerte. Hacer nuevo contrato de vida y sentido de vida.
CCE: dos días de reposo.

Meloma múltiple

SEN: deseos de muerte por haber perdido su estructura de vida.
CME: tratamiento Genoterapia MM. Cirugía espiritual trasplantes de médula ósea, sistema óseo, sistema inmunológico, sistema nervioso, riñones y glándulas suprarrenales. Transfusión sanguínea. quimioterapia o radioterapia. Arreglar el gen C-myc. Anulación de contratos en akáshico de deseos de muerte y revisión de contrato de vida.
CCE: dos días de reposo.

Lupus eritematoso sistemático (LES)

Esta enfermedad es causada por una desconexión del cuerpo el Doble en un evento traumático en la niñez, cuando se tiene otro evento similar los órganos se desconectan del registro de órganos que está en el sistema inmunológico –motivo por el cual el sistema inmunológico no los reconoce como parte del organismo- y en un proceso de tiempo determinado aparece la enfermedad. El sistema inmunológico es una computadora que contiene el registro de todos los órganos que tiene que cuidar y si alguno se desconecta, éste desaparece del registro y el sistema inmunológico crea auto anticuerpos que van contra el núcleo y ADN de las células. Por ello la ciencia médica, no ha encontrado cura para esta enfermedad.
SEN: desconexión con el cuerpo físico y su estructura de vida, sentimientos de derrota y deseos de muerte, sentimientos de enojo y culpa.

CME: dar de alta en sistema inmunológico los siguientes órganos: articulaciones, sistema óseo, riñones, corazón, pulmones, sistema nervioso central, aparato digestivo, ojos y sangre, músculos, piel. Cirugía espiritual trasplantes de sistema inmunológico, articulaciones, sistema óseo, sistema nervioso central, riñones, corazón, pulmones, aparato digestivo, sistema muscular, piel, ojos y transfusión sanguínea. Anulación de contratos en akáshico de Lupus, desconexión de vida, muerte anticipada o muerte por complicaciones de Lupus, revisar contrato de vida y ampliarlo en caso necesario, poner sentido de vida y autoestima alta. Buscar al cuerpo el Doble original y crecerlo e integrarlo al cuerpo el Doble sustituto y meterlo al cuerpo Físico.

CCE: dos días de reposo.

HIV y SIDA

Esta enfermedad es causada por una desconexión de la vida, en un evento traumático en la niñez (abuso sexual) En la Mente Biológica se desconecta su principal contacto de organización, de cuidados y protección al organismo "el sistema inmunológico" por lo tanto este sistema, comienza a morir.

SEN: falta de amor a sí mismos, motivo por el cual buscan relacionarse sexualmente para sentirse amadas, deseos de muerte, autocastigo por sentimientos de culpa por una sexualidad que no les aporta ese amor que les falta y se bloquean finalmente sexualmente.

CME: anulación de contratos en registro Akáshico de HIV y SIDA, deseos de muerte, baja autoestima, falta de amor a sí mismos, desconexión hacia la vida, muerte anticipada y revisión de contrato de vida y ampliación si es necesario. Conexión del sistema inmunológico en la Mente Biológica, encapsulado del virus de la inmunodeficiencia humana y en un proceso de siete días poner un Cilindro de Atracción de Cápsulas del VIH. Cirugía espiritual transplante de sistema inmunológico, transfusión sanguínea y renovación de todos los órganos del cuerpo. Regeneración completa del cuerpo el Doble. Antibiótico y vacunas las que sean necesarias. Anulación de efectos secundarios por tratamiento médico científico. El paciente puede seguir su tratamiento hasta que su médico lo dé de alta.

CCE: dos días de reposo después del séptimo en que se inició el tratamiento.

Aparato digestivo

Desórdenes de las glándulas salivales

SEN: si se saliva demasiado, sentimientos de tener muchas ideas nuevas y querer tenerlas rápido, mucha impaciencia o deseos de escupir sus ideas a alguien más, pero no se atreve; si por el contrario saliva poco, es una persona que se reprime y tiene miedo de que la engañen, se comporta seca e indiferente, pero no lo es o quizá sea que no traga a los demás; si es por litos sus ideas, deseos y emociones ya se petrificaron; si se trata de paperas, generalmente es en niños, éstos se sienten psicológicamente escupidos por reproches o por ser ignorados.

CME: cirugía espiritual en caso de petrificaciones trasplante de glándulas salivales.

CCE: dos días de reposo.

Disfagia

SEN: sentimientos emocionales de irritación y dolor, por rehusarme a tragar a alguien.

CME: cirugía espiritual trasplantes de sistema nervioso central, aparato digestivo y sistema inmunológico.

CCE: dos días de reposo.

Acalasia

SEN: falta de aceptación a los cambios, mucha crítica interna, enojo porque sus deseos no se realizan como quieren.

CME: Cirugía espiritual trasplantes de aparato digestivo, sistema inmunológico.

CCE: dos días de reposo.

Enfermedad por reflujo gastroesofágico

SEN: falta de aceptación a los cambios, enojo reprimido, por situaciones constantes que no puede controlar.

CME: omeprazol, reductores de la acidez gástrica. Les sugerimos disminuir ingesta de alcohol, grasas, chocolate, café, menta e irritantes en general. Ci-

rugía espiritual trasplantes de esófago, esfínter esofágico inferior, células en esófago, sistema nervioso simpático y sistema inmunológico.
CCE: dos días de reposo.

Hernia hiatal
SEN: falta de expresión creativa ante lo nuevo, desean cambios pero no se atreven, porque sus finanzas son escasas.
CME: cirugía espiritual son de dos tipos: regresar la parte del estómago que se pasó por encima del diafragma a través del hueco hiatal o poner en su lugar a la unión gastroesofágica del esófago como a la parte del estómago que se encuentran por arriba del diafragma.
CCE: dos días de reposo.

Cáncer de esófago
SEN: mucho enojo y resentimiento, falta de aceptación a los cambios.
CME: quimioterapia, radioterapia, anulación de efectos secundarios por quimio y radio médicos. Cirugía espiritual trasplante de aparato digestivo y sistema inmunológico, anulación de código en Akáshico de cáncer de esófago y revisión de contrato de vida, de ser necesario ampliarlo, si da permiso su Ser Superior.
CCE: dos días de reposo.

Gastritis
SEN: miedos y complacencia hacia los demás, enojos no reconocidos.
CME: cirugía espiritual, trasplante de aparato digestivo y sistema inmunológico.
CCE: dos días de reposo.

Úlcera péptica
SEN: sentimientos de enojo muy profundos que no desea que alguien descubra, percibe que alguien quiere controlarla sintiéndose interiormente triste, no sabe digerir las situaciones de la vida con relación a ésta y a los demás.
CME: cirugía espiritual trasplantes de aparato digestivo y sistema inmunológico; cauterización en la zona de la úlcera y recubrimiento con célula madre para regenerar el área.
CCE: dos días de reposo.

Estenosis pilórica
SEN: viene de vidas pasadas.
CME: cirugía espiritual de píloro, esfínter y del tejido muscular que se encuentra alrededor del píloro. Anulación en Akáshico de Estenosis Pilórica.
CCE: el bebé ya está en reposo.

Cáncer gástrico
SEN: resentimiento por no comprender la vida, enojo , amargura y tristeza.
CME: quimioterapia, anulación de efectos secundarios de quimio médica. Cirugía espiritual trasplante de aparato digestivo y sistema inmunológico. Sí hay metástasis en ovarios, trasplante de ovarios. Anulación de código de Cáncer Gástrico en Akáshico.
CCE: dos días de reposo.

Hernia umbilical e inguinal
SEN: falta de expresión en su creatividad, se sienten atrapadas y desean salirse de donde se encuentran, pero sienten miedo a perder lo que poseen en forma material.
CME: cirugía espiritual regresar el pedazo de tejido que se salió por un orificio anatómicante existente o por uno que es anormal, poner malla dorada.
CCE: dos días de reposo y no cargar nada pesado durante quince días.

Diarrea
SEN: mucho miedo a que las cosas salgan mal, miedo a la vida, desea que todo pase rápido, porque siente dificultad en lo que va a suceder, no reflexiona y se vacía a sí misma, cuando hay deshidratación no hace contacto con sus emociones.
CME: suero y electrolitos, antibiótico en caso de infección.
CCE: dos días de reposo.

Gastroenteritis
SEN: mucho miedo a que las cosas salgan mal, miedo a la vida, desea que todo pase rápido, porque siente dificultad en lo que va a suceder, no reflexiona y se vacía a sí masma, cuando hay deshidratación no hace contacto con sus emociones.
CME: suero intravenoso, cirugía espiritual trasplante aparato digestivo.
CCE: dos días de reposo.

Parasitosis
SEN: personas que permiten que otros vivan a expensas de ellas o que no permiten que nadie entre en sus vidas y en los niños hacen y son lo que los adultos quieren para sentirse amados.
CME: parazol intravenoso por siete días.
CCE: dos días de reposo.

Síndrome de intestino irritable
SEN: ideas que no se digirieron adecuadamente y dañan, falta de reflexión para digerir o eliminar las experiencias de vida.
CME: fibra y coloides inyectada directamente en el intestino.
CCE: dos días de reposo

Enfermedad de crohn
SEN: sentimientos de rechazo hacia todo y no cede, mucho miedo a no estar a la altura de las expectativas de sus seres queridos.
CME: cirugía espiritual trasplantes de aparato digestivo y sistema inmunológico.
CCE: dos días de reposo.

Diverticulosis y diverticulitis
SEN: mucho enojo reprimido, dificultad para expresar sus emociones, ideas viejas y atoradas que son innecesarias.
CME: cirugía espiritual trasplantes de aparato digestivo, colon, sistema nervioso y sistema inmunológico.
CCE: dos días de reposo.

Colitis ulcerativa crónica inespecífica (cuci)
SEN: mucho enojo, no sabe cómo liberarse del pasado, perfeccionista y exigente con su trabajo, sentimientos de rencor y dolor interno.
CME: cirugía espiritual directa en cuerpo físico, cirugía espiritual trasplantes de colon, recto, articulaciones, sistema nervioso y sistema inmunológico.
CCE: dos días de reposo.

Enfermedad de hirshprung
SEN: viene de vidas pasadas.

CME: cirugía espiritual trasplantes de colon, sistema nervioso y sistema inmunológico. Anulación en Akáshico del código Enfermedad de Hirshprung. CCE: son bebés ya están en reposo.

Megacolon tóxico
SEN: mucho enojo, no sabe cómo liberarse de sus emociones.
CME: cirugía espiritual transplantes de colon, aparato digestivo, sistema nervioso y sistema inmunológico. Anulación en Akáshico del código deseos de muerte, cuando es en niños viene de vidas pasadas, anulación en Akáshico de código de Megacolon Tóxico.
CCE: dos días de reposo.

Colitis nerviosa
SEN: falta de comunicación consigo mismos, enojo por no saber cómo liberarse de sus emociones, sentimientos de derrota y creencia de que le falta amor por parte de los demás, soledad.
CME: aplicar tratamiento de serotonina y vitamina B12. Cirugía espiritual trasplante de colon, sistema nervioso y sistema inmunológico.
CCE: dos días de reposo.

Obstrucción intestinal
SEN: mucho miedo al cambio, aferrarse al pasado y a sus ideas, prefieren que les quiten un pedazo de sí mismas a cambiar sus creencias.
CME: cirugía espiritual directa en el cuerpo físico, aplicar gel el cual ayuda a drenar y al movimiento intestinal. Cirugía espiritual trasplantes de aparato digestivo, intestino grueso, sistema nervioso y sistema inmunológico.
CCE: dos días de reposo.

Apendicitis
SEN: deseos de muerte, mucha inseguridad y enojo reprimido con la autoridad.
CME: por ser una emergencia y alto riesgo de muerte, recomendamos la Cirugía Médica Alópata y al mismo tiempo cirugía espiritual implante de apéndice, trasplante de sistema nervioso y sistema inmunológico. Anulación en Akáshico de código de deseos de muerte.
CCE: ya está en reposo.

Peritonitis

SEN: deseos de muerte, se siente derrotada en la vida, ya nada le interesa y es muy inflexible, su actitud es de apariencia positiva, pero por dentro está demasiado irritada.

CME: agradecernos a los Ángeles que llevemos al paciente directamente con DIOS y con su Ser Superior, para que el Ser Superior decida si se queda o se va, si se queda Dios hace la sanación correspondiente.

CCE: ya está en reposo.

Pólipos

SEN: sentimientos negativos acumulados por años, no desean recordar y los dejan guardados en el intestino.

CME: cirugía espiritual directa en cuerpo físico, cirugía espiritual trasplantes de aparato digestivo, intestinos, sistema nervioso y sistema inmunológico. En caso de cáncer aplicar quimioterapia. Anulación en Akáshico de código de cáncer.

CCE: dos días de reposo.

Hemorroides

SEN: emociones negativas retenidas de mucha tristeza, sienten que no son lo suficientemente buenos para algo y les cuesta mucho trabajo soltarlas amorosamente.

CME: aplicación de célula madre en la zona, para su regeneración. Implante de código de laxante natural. Cirugía espiritual transplantes de recto y canal anal, sistema nervioso, sistema circulatorio y sistema inmunológico.

CCE: dos días de reposo.

Cáncer de colon y recto

SEN: emociones negativas retenidas, soledad y resentimientos hacia sí mismas y los demás, sentimientos de inferioridad.

CME: radioterapia. Cirugía espiritual trasplantes de colon, recto, sistema nervioso y sistema inmunológico. Anulación en Akáshico de código de cáncer.

CCE: dos días de reposo.

Pancreatitis aguda y crónica

SEN: sentimientos acumulados de tristeza, personas que se preocupan mucho por su familia y sienten que no sale adelante con lo que desea, se manifiesta la enfermedad con un evento altamente incontrolable.
CME: cirugía espiritual trasplantes de páncreas, vesícula y sistema inmunológico.
CCE: dos días de reposo.

Cáncer de páncreas

SEN: profundo dolor hacia la vida, con resentimientos y tristezas, sentimientos de que todo es inútil, ya nada se puede hacer para cambiar. Derrota total.
CME: anulación en Akáshicos de códigos de muerte y cáncer, hacer nuevo contrato de vida, si el Ser Superior lo desea. Quimioterapia, implante de célula madre. Cirugía espiritual trasplantes de páncreas, sistema circulatorio, vías biliares y sistema inmunológico.
CCE: dos días de reposo.

Ictericia

SEN: mucho enojo y amargura, desprecio a alguien o a todas las personas, por deseos no cumplidos.
CME: transfusión sanguínea. Cirugía espiritual transplantes de hígado, vesícula, vías biliares y sistema inmunológico. En caso de hepatitis crónica o cirrosis crónica. Anulación en Akáshico de códigos de hepatitis crónica o cirrosis crónica, según sea el caso y código de muerte por hepatitis o cirrosis. Nuevo contrato de vida, si el Ser Superior lo desea.
CCE: dos días de reposo.

Hepatitis

SEN: sentimientos de hastío, de queja y crítica severa con ideas viejas, enojos profundos con ambiciones que nunca se cumplen, se resisten al cambio y aborrecen a los demás, en niños viene de una vida pasada.
CME: cirugía espiritual trasplantes de hígado, vías biliares, sistema inmunológico. Anulación en Akáshico de códigos de hepatitis A, B ó C, muerte por hepatitis. Nuevo contrato de vida.
CCE: dos días de reposo.

Absceso hepático
SEN: sentimientos de hastío, de queja y crítica severa con ideas viejas, enojos profundos con ambiciones que nunca se cumplen, se resisten al cambio y aborrecen a los demás.
CME: cirugía espiritual con drenaje de absceso, antibiótico.
CCE: dos días de reposo.

Cirrosis e hipertensión portal
SEN: sentimientos de ira profunda con la cual se están envenenando y sus juicios son muy severos.
CME: trasplantes de hígado, vías biliares y los códigos relacionados con otra enfermedad. Anulación en Akáshico de códigos de alcoholismo, muerte por cirrosis e hipertensión portal y cirrosis e hipertensión portal.
CCE: dos días de reposo.

Cáncer de hígado
SEN: resentimientos, impotencia y enojos profundos hacia alguien o a la vida, deseos de muerte.
CME: Embolización quimio-arterial, cirugía espiritual trasplantes de hígado, vías biliares y sistema inmunológico. Anulación en Akáshico de códigos de muerte por cáncer de hígado y cáncer. Nuevo contrato de vida si el Ser Superior lo elije.
CCE: dos días de reposo.

Colelitiasis (piedras en la vesícula)
SEN: sentimientos endurecidos, petrificados de odio, rencor, mordacidad, personas autoritarias, dan a los demás con esas emociones y sienten que los demás no les dan nada, problemas para liberar emociones.
CME: cirugía espiritual trasplante de vesícula, vías biliares y sistema inmunológico.
CCE: dos días de reposo.

Colangitis
SEN: sentimientos de ira y fastidio.
CME: cirugía espiritual trasplante de ductos biliares, vesícula y sistema inmunológico, raspado directo en los ductos biliares, antibiótico intravenoso.
CCE: dos días de reposo.

Sangrado de tubo digestivo alto y bajo
SEN: sentimientos de tristeza.
CME: cirugía espiritual directa en cuerpo físico en la zona de donde proviene el sangrado y rellenar con gel, trasplante de aparato digestivo, sistema inmunológico y transfusión de sangre.
CCE: dos días de reposo.

Sistema genitourinario

Cistitis
SEN: sentimientos de frustración, ira, no sabe como asimilar los acontecimientos externos, espera demasiado de los demás, retiene las emociones de dolor, ira y miedo.
CME: antibiótico durante tres días y drenaje de orina por veinticuatro horas.
CCE: ninguno.

Urolitiasis (piedras en los riñones)
SEN: emociones reprimidas y petrificadas; relación con las personas hecha piedra, ausentes.
CME: cirugía espiritual directa al cuerpo físico, litotripsia (es un proceso que ayuda a romper las piedras) irrigar, drenar las piedras.
CCE: dos días de reposo.

Cáncer de vejiga
SEN: frustración por falta de cumplimiento de sus deseos, mucho miedo a expresar y realizar lo que desea.
CME: radioterapia y quimioterapia, cirugía espiritual trasplantes de vejiga y sistema inmunológico. Anulación en Akáshico de contratos de muerte y cáncer de vejiga, hacer nuevo contrato de vida, si así lo elige el Ser Superior.
CCE: dos días de reposo.

Pielonefritis
SEN: emociones de enojo, ira y relaciones con las personas, de mucha frustración, se manifiestan de forma reprimida.
CME: antibiótico, suero vías intravenoso.
CCE: dos días de reposo.

Hidronefrosis
SEN: creencias de no ser aceptado por los demás, realizan cualquier maniobra para ser aceptadas, baja autoestima y falta de reflexión.
CME: cirugía espiritual directa en cuerpo físico, limpieza y drenado de riñón y vejiga, rellenar con gel, antibiótico, trasplantes de riñón, vejiga y sistema inmunológico.
CCE: dos días de reposo.

Hipertensión renal
SEN: personas con relaciones conflictivas en todos los ambientes.
CME: cilindro con programación hipertensión renal.
CCE: dos días de reposo.

Glomerulonefritis y síndrome nefrítico
SEN: creencias de no ser aceptado por los demás, realizan cualquier maniobra para ser aceptados, baja autoestima y falta de reflexión.
CME: tratamiento antihipertensivos, diurético, antibiótico se recomienda dieta baja en sodio y alta en proteínas.
SEN: dos días de reposo.

Falla renal aguda y crónica
SEN: enojos consigo mismas, sentimientos de falta de merecimiento, emociones negativas atoradas con relación a otras personas. Falta de reflexión.
CME: cirugía espiritual trasplantes de sistema urinario, sistema inmunológico, riñones.
CCE: dos días de reposo.

Enfermedad poliquística renal
SEN: sentimientos de sufrimiento constante, con los cuales no hace contacto. En todos los casos viene de vidas pasadas.
CME: cirugía espiritual trasplantes de riñones, hígado, páncreas, sistema inmunológico y de ser necesario de corazón y en ocasiones de cerebro según el caso. Anulación de contrato en Akásico de enfermedad poliquística renal y contrato de sufrimiento.
CCE: dos días de reposo.

El despertar de la conciencia

Síndrome urémico
SEN: sentimientos de víctima, falta de cumplimiento de metas y desequilibrio emocional.
CME: cirugía espiritual trasplantes de riñones, drenaje de toxinas, equilibrio en los líquidos y electrolitos. Transfusión de sangre en plasma.
CCE: dos días de reposo.

Diálisis y trasplante renal
SEN: personas que no saben tomar decisiones y dependen de otras, cuando sienten que ya no les hacen caso, entonces dependen de una máquina o llegan a necesitar el riñón de alguien más. En caso de niños viene de vidas pasadas.
CME: cirugía espiritual trasplantes de riñones, sistema inmunológico. Anulación de contratos en Akáshico de baja autoestima, dependencia, apegos y pérdida de riñón o riñones.
CCE: dos días de reposo.

Cáncer renal
SEN: resentimientos relacionados con sus convivencias, se sienten rechazados por los demás. En niños viene de vidas pasadas.
CME: quimioterapia y cirugía espiritual transplantes de riñones y sistema inmunológico. Anulación de contratos en akáshico de cáncer renal, metástasis y de rechazo.
CCE: dos días de reposo.

Uretritissen
SEN: cansancio emocional, amargura, sentimientos de derrota, entregan su poder a los demás al culparlos de su propia situación, dificultad para aceptar los cambios.
CME: antibiótico.
CCE: ninguno.

Epididimitis
SEN: enojo y confusión emocional relacionados con el deseo sexual.
CME: antibiótico.
CCE: ninguno.

Torsión testicular
SEN: miedo a la paternidad, en ocasiones se relaciona con confusiones sexuales. Siempre viene de vidas pasadas.
CME: cirugía espiritual acomodar el cordón espermático, si es necesario hacer trasplante para evitar que vuelva a suceder. Anulación de contratos en Akáshico de miedo a la paternidad.
CCE: dos días de reposo.

Criptorquidia
SEN: miedo a la paternidad, viene de vidas pasadas.
CME: cirugía espiritual, trasplantes de ambos testículos. Anulación de contratos en Akáshico de esterilidad, falta de contratos de hijos, cáncer, metástasis y miedo a la paternidad.
CCE: dos días de reposo.

Hidrocele
SEN: se sienten rechazados sexualmente. En niños viene de vidas pasadas.
CME: cirugía espiritual drenado del líquido que está acumulado en el escroto, en caso de quiste, raspado de éste, en caso de edema, sólo requiere sanación.
CCE: dos días de reposo.

Varicocele
SEN: miedo a la paternidad, viene de vidas pasadas.
CME: cirugía espiritual trasplante del escroto y de ser necesario del testículo afectado. Anulación en Akáshico de contratos de miedo a la paternidad y de infertilidad.
CCE: dos días de reposo.

Hematocele
SEN: miedo a la paternidad, viene de vidas pasadas.
CME: cirugía espiritual trasplante del testículo afectado. Anulación en Akáshico de contratos de miedo a la paternidad.
CCE: dos días de reposo.

Prostatitis
SEN: autoestima baja en la sexualidad.
CME: antibiótico.
CCE: ninguno.

Hiperplasia prostática benigna
SEN: mucho enojo y autoestima baja en la sexualidad.
CME: cirugía espiritual trasplantes de próstata, riñones y vejiga.
CCE: dos días de reposo.

Impotencia
SEN: perdida de control y poder hacia una mujer –madre, esposa, pareja-siente mucha impotencia y en ocasiones castiga a su pareja. Podría venir de un abuso sexual en la niñez –vergüenza y culpa. Ritmo de vida agotador. Depresión profunda.
CME: en caso de ser impotencia orgánica realizar cirugía espiritual trasplante de eje hipotálamo-pituitaria-gónada, sistema hormonal y de pene para que la innervación y la irrigación sanguínea sea perfecta. En caso de ser psicológica, recomendamos sólo llevar a cabo los siete pasos del procedimiento de autosanación. Para ambos casos anulación de contratos en Akáshico de impotencia sexual.
CCE: dos días de reposo para impotencia orgánica.

Neoplasias testiculares y prostáticas
SEN: en neoplasias testiculares miedo a la paternidad, aún cuando ya tienen hijos, les cuesta mucho trabajo entregarse como padres. En neoplasias prostáticas baja autoestima sexual.
CME: en neoplasias testiculares cirugía espiritual trasplante de testículos y radiación. En neoplasias prostáticas cirugía espiritual trasplante de próstata y radiación. En ambos casos anulación de contratos en Akáshico de neoplasia testicular, cáncer, metástasis y de impotencia; de neoplasia prostática, cáncer, metástasis y de impotencia.
CCE: dos días de reposo.

Enfermedades de transmisión sexual (ETS) vulvovaginitis
No todas las enfermedades son de transmisión sexual (aunque así se llaman)
Gonorrea.
Clamidia.
Sífilis.
Chancro.
Condiloma acuminado.
Herpes genital.

Tricomoniasis.

Candidiasis.

Vulvovaginitis bacteriana.

SEN: enojo y culpa sexual, autocastigo sexual, castigo hacia la pareja, baja autoestima sexual.

CME: en todos los casos antibiótico mínimo tres meses, cirugía espiritual limpieza en el área afectada con láser.

CCE: dos días de reposo.

Enfermedad pélvica inflamatoria (EPI)

SEN: sentimientos de culpa, represión o pérdida en la actividad sexual.

CME: desinflamatorio, antibiótico y la aplicación directa en cuerpo físico de inyecciones.

CCE: dos días de reposo.

Incontinencia urinaria

SEN: pérdida de control de su propia vida, sus emociones o de otras personas.

CME: cirugía espiritual trasplante de vejiga, del músculo detrusor y piso pélvico.

CCE: cuatro días de reposo.

Problemas menstruales

SEN: falta de aceptación como mujer, culpa por ser mujer o enojo por no haber sido el hombre que los padres deseaban.

CME: tratamiento estabilizador hormonal, hierro, B12, calcio, analgésico, antiinflamatorio.

CCE: ninguno.

Endometriosis

SEN: miedo a ser madre, mucho enojo en la pareja se tenga o no.

CME: agradecernos hacer cirugía directa en cuerpo físico, raspar, irrigar y drenar, colocar venda en útero. Cirugía espiritual trasplante de útero y retirar tejido endometrial fuera del útero. Anulación de contratos en Akáshico de infertilidad, miedo a ser madre.

CCE: dos días de reposo.

Miomas uterinos

SEN: resentimientos hacia la madre, enojo por no poder tener hijos, miedo a ser madre.

CME: agradecernos hacer cirugía directa en cuerpo físico, raspar, succionar, irrigar, drenar. Es muy probable que los miomas salgan por la vagina en forma de coágulos. Anulación de contratos en Akáshico de miedo a ser madre, falta de contratos de tener hijos o resentimientos hacia la madre. En caso de haber cáncer anulación de contratos de cáncer y metástasis.

CCE: dos días de reposo.

Prolapso de vejiga y úterino

SEN: pérdida de control en sus emociones, en su persona y en su sexualidad, ya no se siente femenina.

CME: agradecernos hacer cirugía directa en cuerpo físico, colocar malla dorada de soporte. Cirugía espiritual trasplantes de vejiga, útero, riñones y sistema inmunológico.

CCE: dos días de reposo.

Menopausia

SEN: miedo a envejecer, a dejar de ser deseada sexualmente.

CME: tratamiento de estrógenos durante 7 meses. Anulación de contratos en Akáshico de envejecimiento órganico, baja autoestima sexual y de menopausia.

CCE: ninguno.

Infertilidad

SEN: miedo a ser madre o miedo a no ser buena madre, viene de vidas pasadas.

CME: es muy importante llevar a cabo los siete pasos del procedimiento de autosanación y después anulación de los contratos en Akáshico de miedo a ser madre o miedo a no ser buena madre; contrato de no hijos, crear contrato de hijos. Agradecernos realizar la cirugía espiritual que corresponda según el caso. Nosotros los Ángeles sabremos cual es.

CCE: dos días de reposo.

Cáncer cervicouterino (CACU)

SEN: resentimientos profundos a la sexualidad como repugnancia, odio hacia la pareja o hacia su propia femineidad.

CME: cirugía espiritual trasplante del útero y cérvix, quimio y radioterapia. Anulación de contratos en Akáshico de cáncer y metástasis.

CCE: dos días de reposo.

Síndrome poliquístico ovárico

SEN: cambio de planes, no esperaban ser madres.

CME: agradecernos hacer cirugía directa en cuerpo físico, limpiar ovarios. Cirugía espiritual trasplantes de ovarios.

CCE: dos días de reposo.

Neoplasias ováricas

SEN: odio y resentimiento por ser mujer.

CME: cirugía espiritual trasplantes de ovarios y raspar y drenar los tumores o quistes, en caso de cáncer, quimioterapia. Anulación de contratos en Akáshico de neoplasias ováricas, cáncer y metástasis.

CCE: dos días de reposo.

Embarazo ectópico

SEN: miedo a no ser buena madre, son contratos ya hechos antes de nacer.

CME: agradecernos que llevemos a la paciente al Corazón de DIOS y ahí decidan por su futuro y su vida. Dios cuidará de su cuerpo físico. Tratamiento de Serotonina durante siete semanas.

CCE: dos días de reposo.

Placenta previa y abrupta

SEN: miedo a ser madre y contratos hechos antes de nacer.

CME: tratamiento de Serotonina y anulación de contratos en Akáshico de muerte anticipada (para la madre) contrato de no nacimiento para el bebé. Podría ser el caso de no haber tales contratos, sin embargo es importante investigar.

CCE: siete días de reposo.

Preeclampsia y ectampsia

SEN: miedo a ser madre y contratos hechos antes de nacer. Generalmente presentan estados depresivos y ataques de pánico postparto. En la hipertensión es deseos de muerte, en este caso es miedo a perder al bebé.

CME: agradecernos que llevemos a la paciente al Corazón de DIOS. Tratamiento de Serotonina por siete semanas y anulación del control de las emociones negativas que tiene la Mente Subconsciente sobre la madre. Anulación de contratos en Akáshico de muerte anticipada y estados de pánico.

CCE: dos días de reposo.

Parto prematuro

SEN: impaciencia del bebé por nacer, es un Ser de Luz precoz.

CME: si aún no nace y la madre está en reposo, agradecernos llevar a la madre al Corazón de DIOS, ahí decidirán su fecha de nacimiento y madurarán los órganos que aún estén inmaduros. Si el bebé ya nació y está en incubadora por órganos inmaduros, agradecernos subir al bebé al Corazón de DIOS para que Él le ayude a madurar esos órganos.

CCE: ambos ya están en reposo.

Problemas de la lactancia

SEN: sentimientos de abandono o falta de protección por parte de los padres de la madre o de la pareja.

CME: inyectar directamente en pechos físicos tratamiento estimulante y equilibrante de prolactina y diversas hormonas, tratamiento de Serotonina por depresión postparto. Drenado directo de conductos lácteos (en caso necesario como en mastitis) Aplicar empaste de 7 hierbas como protector y regenerador de piel (contiene miel ya que es antinflamatoria, antibiótica y es un regenerador natural).

CCE: ninguno.

Sistema Endocrino

Bocio

SEN: sentirse controlada por una persona o varias, sacrificando sus propios deseos, sentimientos de mártir.

CME: inyectar intravenosa estabilizador de hormona tiroidea y yodato.

CCE: ninguno.

Hipotiroidismo

SEN: sentirse controlada por una persona o varias, no sabe cómo expresar lo que desea hacer, falta de toma de decisiones para su propio bien.

CME: inyectar intravenosa hormona tiroidea durante 7 meses, cirugía espiritual trasplante tiroides.

CCE: dos días de reposo.

Hipertiroidismo

SEN: sentirse controlada por una persona o varias, no sabe cómo expresar lo que desea hacer, falta de toma de decisiones para su propio bien.

CME: cirugía espiritual trasplante de tiroides.

CCE: dos días de reposo.

Nódulos tiroideos

SEN: sentirse controlada por una persona o varias, creando resentimientos e impotencia para hacer lo que se desea.

CME: agradecernos cirugía directa en cuerpo físico, raspar, irrigar y drenar. Inyectar intravenosa Tirox 1109.

CCE: dos días de reposo.

Carcinoma de tiroides

SEN: sentirse controlada por una persona o varias, creando sentimiento de impotencia, enojo, miedos por no tomar decisiones propias para sí mismas, deseos de que quien controla desaparezca.

CME: cirugía espiritual trasplante de tiroides, yodo radioactivo y terapia hormonal de reemplazo. Anulación de contratos en Akáshico de control por parte de otras personas, miedo a tomar decisiones, cáncer y metástasis.

CCE: dos días de reposo.

Hiperparatiroidismo

SEN: falta de sentido de vida por control excesivo de otras personas.

CME: hormona que controla los niveles de calcio, fósforo y vitamina D en sangre y hueso, cirugía espiritual extirpar la glándula o tumor que está produciendo el exceso de la hormona, trasplante de tiroides.

CCE: dos días de reposo.

El despertar de la conciencia

Hipoparatiroidismo
SEN: personas muy perfeccionistas, rígidas consigo mismas y con los demás. CME: hormona que controla los niveles de calcio, fósforo y vitamina D en sangre y hueso y terapia genética en caso necesario dependiendo de los antecedentes familiares.
CCE: ninguno.

Diabetes mellitus
SEN: acumulación de tristezas no expresadas, que se convierten en depresión tampoco expresada. Son personas que aparentan ser muy alegres y en su interior realmente son depresivas. En niños y jóvenes viene de vidas pasadas. CME: cirugía espiritual trasplantes de páncreas, sistema endócrino y sistema inmunológico, trasplante de sangre al cien por ciento. En diabetes con complicaciones lo anterior más cirugía espiritual trasplante de retina, riñones, coronarias, raspado en úlceras y aplicación de la célula totipotencial para la regeneración de las partes afectadas. Anulación de contratos en Akáshico de diabetes infantil (niños) diabetes juvenil (jóvenes) diabetes (adultos) en cualquier caso contratos de pérdida de ojos, pérdida de riñones, problemas cardiacos y amputaciones de piernas.
CCE: dos días de reposo.

Hipoglucemia e hiperinsulinismo
SEN: apegos profundos al pasado, personas que viven angustiadas por todo lo que les sucede, falta de amor a sí mismas.
CME: cirugía espiritual trasplante de páncreas.
CCE: dos días de reposo.

Diabetes insípida
SEN: miedo a la vida y el no saber cómo ser feliz aún cuando se lo proponga, muchos miedos mezclados con la tristeza.
CME: cirugía espiritual trasplantes de cerebro, glándula pituitaria. Anulación de contratos en Akáshico de diabetes insípida, daño cerebral permanente y problemas en riñones.
CCE: dos días de reposo.

·· 160 ··

Síndrome de secreción inadecuada de hormona antidiurética (SSIHAD)
SEN: miedo a relacionarse con las personas.
CME: cirugía espiritual trasplantes de riñones, pulmones, sistema inmunológico y de existir algún tumor extracción de éste y relleno con Luz Crística. Anulación de contratos en Akáshico de miedo a relacionarse con las personas.
CCE: dos días de reposo.

Panhipopituitarismo
SEN: confusión de vida, personas que no saben que hacen en este planeta, viene de vidas pasadas.
CME: cirugía espiritual trasplantes de pituitaria, sistema hormonal, sistema circulatorio y sistema inmunológico. Conexión de las siete mentes al cuerpo físico y conexión del cuerpo físico con la Madre Tierra. Anulación de contratos en Akáshico de desconexión de vida y desconocimiento de la existencia.
CCE: dos días de reposo.

Gigantismo y acromegalia
SEN: viene de vidas pasadas, les faltó tiempo para realizarse como seres humanos y evolucionar espiritualmente, murieron con deseos de hacerlo.
CME: cirugía espiritual transplante molecular en todo el cuerpo físico. Anulación de contratos en Akáshico de impaciencia humana y espiritual y de gigantismo y acromegalia. Hacer nuevo contrato de vida larga.
CCE: tres días de reposo.

Enanismo
SEN: viene de vidas pasadas, enojo con la vida por no proporcionarles lo que deseaban, murieron sintiéndose no amadas y con apatía a la experiencia humana.
CME: cirugía espiritual trasplante molecular en todo el cuerpo físico. Anulación de contratos en Akáshico de falta de sentido de vida, apatía a la experiencia humana y enanismo.
CCE: tres días de reposo.

Enfermedad de Addison
SEN: miedo a relacionarse con las personas, por relaciones tormentosas del pasado, en niños viene de vidas pasadas.

· · 161 · ·

CME: cirugía espiritual trasplante de glándulas suprarrenales, riñones y sistema inmunológico. Anulación de contratos en Akáshico de relaciones tormentosas y enfermedad de Addison.
CCE: dos días de reposo.

Síndrome de Cushing
SEN: sentimiento de rechazo por parte de las personas que más ama, desprecio hacia la vida por la experiencia anterior, miedo a ser juzgado por imagen.
CME: cirugía espiritual trasplante molecular en todo el cuerpo físico. Anulación de contratos en Akáshico de rechazo a sí misma, falta de amor a sí misma, deformidad física y síndrome de cushing.
CCE: dos días de reposo.

Hiperaldosteronismo
SEN: miedo a relacionarse con las personas, por experiencias dolorosas anteriores.
CME: cirugía espiritual extirpación de tumores suprarrenales, rellenar con Luz Crística y trasplantes de glándulas suprarrenales y sistema inmunológico. Es importante tratar la enfermedad subyacente.
CCE: dos días de reposo.

Prolactinoma
SEN: en mujeres miedo a la maternidad y en hombres miedo a la sexualidad.
CME: cirugía espiritual trasplante de la glándula pituitaria y extirpación del tumor, rellenar con Luz Crística. Anulación de contratos en Akáshico en hombres de impotencia sexual y en mujeres de infertilidad.
CCE: dos días de reposo.

Síndrome de Digorge
SEN: miedo a la vida y a no ser amados, viene de vidas pasadas.
CME: cirugía espiritual implante de timo y tejido paratiroides. Anulación de contratos en Akáshico de miedo a la vida y falta de amor a sí mismo.
CCE: ninguno.

Timoma
SEN: miedos y resentimientos hacia la vida, sentimientos de no poderse defender en la vida, viene de vidas pasadas.

CME: radioterapia y cirugía espiritual raspado y extracción de tumor, trasplantes de sistema inmunológico y sistema circulatorio.
CCE: dos días de reposo.

Quistes de mama

SEN: resentimientos por abandono, desprotección o sobreprotección, no se sienten capaces de realizar algo solas, miedos. (Izquierdo con la madre o ellas como madres, derecho con él padre o la pareja).
CME: para prevenir cáncer o en caso de ya haberlo quimioterapia y cirugía espiritual raspar, irrigar, drenar, rellenar con luz líquida; anulación de efectos secundarios de quimio y trasplantes de seno completo, sistema inmunológico y ganglios, (en caso de ya haber perdido algún seno, pedir implante de seno y célula totipotencial). Anulación de contratos en Akáshico de quistes de mama, cáncer, metástasis, pérdida de senos, abandono y falta de amor a sí misma.
CCE: dos días de reposo.

Fibroquística mamaria

SEN: resentimientos por abandono, desprotección o sobreprotección, no se sienten capaces de realizar algo solas, miedos.
CME: para prevenir cáncer o en caso de ya haberlo quimioterapia y cirugía espiritual raspar, irrigar, drenar, rellenar con luz líquida; anulación de efectos secundarios de quimio y trasplantes de ambos senos completos, sistema inmunológico y ganglios. (en caso de ya haber perdido ambos senos, pedir implante de senos y célula totipotencial). Anulación de contratos en Akáshico de fibroquística mamaria, cáncer, metástasis, pérdida de senos, abandono y falta de amor a sí misma.
CCE: dos días de reposo.

Fibroadenoma mamario

SEN: sentimientos de abandono, desprotección o sobreprotección.
CME: agradecernos hacerle cirugía directa en cuerpo Físico, rapar, irrigar, drenar, rellenar con luz líquida y cirugía espiritual trasplante del seno afectado y sistema inmunológico.
CCE: dos días de reposo.

Cáncer de mama
SEN: resentimientos por abandono, desprotección o sobreprotección, no se sienten capaces de realizar algo solas, miedos.
CME: quimioterapia y cirugía espiritual raspar, irrigar, drenar, rellenar con luz líquida; anulación de efectos secundarios de quimio y trasplantes de seno afectado, sistema inmunológico y ganglios. (En caso de haber perdido algún seno, implante de seno y célula totipotencial). Anulación de contratos en Akáshico de cáncer de mama, metástasis, pérdida de senos, abandono y falta de amor a sí misma.
CCE: dos días de reposo.

Enfermedad mamaria de Paget
SEN: resentimientos por abandono, desprotección o sobreprotección, no se sienten capaces de realizar algo solas, miedos.
CME: mezcla de quimio y radio y cirugía espiritual raspar, irrigar, drenar, rellenar con luz líquida; anulación de efectos secundarios de quimio y trasplantes de seno afectado, sistema inmunológico y ganglios. (En caso de haber perdido algún seno, implante de seno y célula totipotencial). Anulación de contratos en Akáshico de cáncer de mama, metástasis, pérdida de senos, abandono y falta de amor a sí misma.
CCE: dos días de reposo.

Sistema nervioso

Cefalea
SEN: mucho miedo a la vida, exceso de estrés, el quererse apartar del mundo, que nadie los moleste.
CME: en caso de cefalea por tensión, drenar dolor con sonda y transmutar el problema emocional. En caso de ser cefalea por una enfermedad de base, atender ésta.
CCE: ninguno.

Migraña
SEN: mucho miedo a la vida, exceso de estrés, desconexión con el mundo, a tal grado de pasar en ocasiones días de cama, miedo a no ser suficientemente buena para sí misma y los demás, exigencia y perfeccionismo.

CME: inyectar directamente en el centro de la cabeza y en columna vertebral a nivel de la 7ª. Cervical. En área específica de dolor aplicar luz líquida. Repetir un mantra –podría ser "me amo tal y como soy". Cirugía espiritual trasplante de vasos arteriales carótidas y vasos cerebrales y de célula que produce la serotonina.
CCE: dos días de reposo.

Cefalea cluster o en racimos

SEN: mucho miedo a la vida, exceso de estrés, desconexión con el mundo, miedo a no ser suficientemente buena para sí misma y los demás, exigencia y perfeccionismo.
CME: inyectar directamente en el centro de la cabeza y en columna vertebral a nivel de la 7a. Cervical. En área específica de dolor aplicar luz líquida.
CCE: ninguno.

Neuralgia del trigémino

SEN: emociones de enojo y preocupación no expresadas, desconexión del mundo.
CME: inyectar directo en el centro de la cabeza compuesto específico en esta neuralgia por tener vitamina B 12 e inyectar en área específica luz líquida. Tratamiento por siete meses, en caso de no quitarse cirugía espiritual trasplante del nervio trigémino y sistema nervioso e inmunológico.
CCE: dos días de reposo.

Parálisis facial de Bell

SEN: sentimientos de parálisis ante un evento, pérdida de imagen, por ejemplo si la parálisis es del lado izquierdo y es mujer, entonces se siente paralizada consigo misma o con otra mujer, pero la causa es un hombre; y si es hombre entonces se siente paralizado con una mujer, pero la causa es el mismo. En caso de que la parálisis sea del lado derecho es al contrario de lo anterior.
CME: aplicar mascarillas de iones y cirugía espiritual trasplante de nervio facial y sistema nervioso.
CCE: dos días de reposo.

Ciática

SEN: personas que han tenido desintegración o ruptura familiar y aún no lo han superado, sienten que no pueden avanzar, si el problema está en la pierna derecha es con un hombre y si está en la izquierda con una mujer.
CME: aplicación de vitamina B12 en inyección, cirugía espiritual trasplantes de nervio ciático, sistema nervioso y columna.
CCE: dos días de reposo, es importante que durante quince días eviten cargar cosas pesadas y al agacharse lo hagan en forma vertical.

Aumento de la presión intracraneal

SEN: desconexión del mundo, deseos de que las cosas sean diferentes, pero no saben cómo cambiarlas.
CME: poner sonda en la cabeza y drenar el dolor, inyección directa en el corazón de luz líquida. Agradecernos a los Ángeles subir al paciente al Corazón de DIOS.
CCE: ya está en reposo.

Epilepsia y convulsiones

SEN: mucho enojo contenido, deseos de violencia, pero la persona no se atreve a expresar lo que siente, desconexión con el mundo y agresión a sí mismas por sentirse impotentes, en niños viene de vidas pasadas. Mucho enojo con la vida.
CME: agradecernos a los Ángeles subir al paciente al Corazón de DIOS. Anulación de contrato en Akáshico de Epilepsia y convulsiones, violencia a sí mismos. Cirugía espiritual trasplante de sistema nervioso y cerebro.
CCE: dos días de reposo.

Narcolepsia

SEN: personas que les cuesta mucho trabajo descansar de forma consciente, tienen prisa por vivir la vida y sienten que no les alcanza el tiempo, su sentido de vida está desequilibrado, entonces su mente y cuerpo se desconectan de la vida temporalmente a cualquier hora, con el único propósito de descansar.
CME: inyecciones de sentido de vida aplicar directamente en el corazón, Serotonina en el centro de la cabeza y se inyecta directamente en cerebro endorfinas. Tratamiento por siete meses, cirugía espiritual trasplante de cerebro.
CCE: ninguno.

· · 166 · ·

DESPERTAR DE LA CONCIENCIA 28 de octubre.indd 166   05/11/2015 07:48:02 p. m.

Enfermedad vascular cerebral (EVC)

SEN: son personas que se han sentido paralizadas en muchas etapas de su vida, sienten que no avanzan en uno o varios aspectos de su vida, se sienten confundidos mental y emocionalmente y terminan paralizadas ellas.

CME: cirugía espiritual trasplantes de cerebro completo, sistema circulatorio y sistema inmunológico. Anulación de contratos en Akáshico de parálisis. Además agradecernos subir al paciente al Corazón de DIOS.

CCE: ya está en reposo.

Meningitis

SEN: confusión mental y emocional, inflexibilidad, enojos severos ante los demás y la vida, desconexión y pérdida de imagen, en niños viene de vidas pasadas.

CME: cirugía espiritual trasplante completo de corteza cerebral, implante de neuronas y neurotrasmisores, sistema nervioso, sistema circulatorio y sistema inmunológico. Agradecernos subir al paciente al Corazón de DIOS. Anulación de contratos en Akáshico de meningitis, muerte anticipada, muerte temprana (en caso de niños) y creación de nuevo contrato de vida.

CCE: ya está en reposo.

Encefalitis

SEN: sentimientos de enojo y desconexión consigo misma y con los demás.

CME: agradecernos llevar al paciente al Corazón de DIOS para que ÉL le haga cirugía espiritual cambio molecular en todo el cerebro y conexión con su Ser Superior y con su cuerpo el Doble. Anulación de contratos en Akáshico de daño cerebral.

CCE: dos días de reposo.

Síndrome de Reye

SEN: viene de vidas pasadas.

CME: agradecernos llevar al paciente al Corazón de DIOS para que ÉL le haga cirugía espiritual drenado del medicamento que ingirió y cambios moleculares (los necesarios). Si corre peligro su vida hacer anulación de contratos en akáshico de muerte temprana. Hacer nuevo contrato de vida.

CCE: dos días de reposo.

El despertar de la conciencia

Poliomielitis
SEN: viene de vidas pasadas.
CME: cirugía espiritual trasplantes de sistema nervioso, sistema óseo, médula y sangre al 75%. Anulación de contratos en Akáshico de poliomielitis y parálisis
CCE: dos días de reposo.

Alzheimer
SEN: desconexión con su realidad pasada y presente. Deseos de ser el centro de atención.
CME: agradecernos llevar al paciente al paciente al Corazón de DIOS para que ÉL le haga cirugía espiritual trasplante completo de cerebro y conexión con su mente consciente e inconsciente. Anulación de contratos en Akáshico de Alzheimer y desconexión con la realidad.
CCE: ninguno.

Enfermedad de Parkinson
SEN: deseos de control hacia la familia, tiene todas sus emociones reprimidas por no atreverse a hacerlo. Ahora ha perdido el control sobre su propio cuerpo.
CME: cirugía espiritual implantes y conexiones de neurotrasmisores, neuronas, glándula pituitaria, células que producen la serotonina y trasplantes de sistema nervioso, muscular y inmunológico. Anulación de contratos en Akáshico de enfermedad de parkinson y pérdida de control hacia sí mismo.
CCE: dos días de reposo.

Enfermedad de Huntington
SEN: sentimientos de enojo y mucha irritabilidad consigo mismas por no conseguir lo que desean. Terminan con perder el control mental y partes de su cuerpo. Deseos de muerte.
CME: tratamiento por siete semanas (o las que sean necesarias) de serotonina simple, dos inyecciones en el centro de la cabeza, genoterapia y cirugía espiritual transplante cerebro completo y sistema nervioso. Anulación de contratos en Akáshico de enfermedad de Huntington, pérdida de control mental y partes del cuerpo y muerte anticipada. Hacer nuevo contrato de vida.
CCE: dos días de reposo.

• • 168 • •

Esclerosis múltiple

SEN: en un evento traumático en la niñez, se desconectó su cuerpo el Doble y se le formó otro sustituto. Se desconectaron de sus emociones. Se muestran rígidos emocionalmente, como si no sintieran.

CME: cirugía espiritual trasplantes de sistema nervioso, muscular y inmunológico. Crecer al cuerpo el Doble original e integrarlo con el Doble sustituto y conectarlo al cuerpo el Físico. Dar de alta en el registro del sistema inmunológico al sistema nervioso y conectarlo. Implante de mielina. Anulación de contratos en Akáshico de esclerosis múltiple y muerte. Hacer nuevo contrato de vida.

CCE: dos días de reposo.

Guillan Barré

SEN: desconexión total consigo mismos, causa por no haber podido controlarlo todo y ahora ni su cuerpo controlan. El cuerpo el Doble está ausente.

CME: cirugía espiritual trasplantes de médula, sistema nervioso, sistema inmunólogico, sistema muscular y sangre en plasma en donde drenan los anticuerpos de la sangre que están en exceso. Dar de alta en el registro del sistema inmunológico al sistema nervioso. Conectar al sistema nervioso con el sistema inmunológico. Conectar al sistema nervioso con el sistema muscular. Encontrar al cuerpo y conectarlo al cuerpo el Físico. Anulación de contratos en Akáshico de guillan barré y desconexión total consigo mismo.

CCE: dos días de reposo.

Miastenia gravis

SEN: miedo a perder a alguien o lo que poseen, por lo tanto les cuesta trabajo ser generosos y entregar su amor.

CME: cirugía espiritual trasplantes de sistema nervioso, sistema inmunológico y sangre al cien por ciento. Dar de alta en el registro del sistema inmunológico al sistema nervioso. Conectar al sistema nervioso con el sistema inmunológico. Anulación de contratos en Akáshico de miastenia gravis y miedo a la pérdida.

CCE: dos días de reposo.

Síncope

SEN: desconexión mental y emocional en forma temporal por una situación presente.

CME: dos inyecciones directo al corazón de sentido de vida, serotonina y cilindro, programado para síncope cardiovasovagal.
CCE: ya está en reposo.

Coma

SEN: emociones de mucho miedo a enfrentar la vida y la muerte, desconexión con éstas.

CME: agradecernos que llevemos al paciente al Corazón de DIOS para que ÉL hable con su Ser Superior y preguntarle si desea que su cuerpo físico viva, si es así, anulación de contratos en Akáshico de muerte anticipada y desconexión de la vida y la muerte, estado de coma. Cirugía espiritual trasplantes de cerebro completo y órganos daños que intervinieron para llegar a ese estado. Restauración de su cuerpo el Doble e integración del mismo al cuerpo el Físico. Conexión de conductores de la vida y la muerte en el chakra Alfa y Omega.
CCE: ya está en reposo.

Neoplasias

SEN: deseos de muerte, cuando es en niños viene de vidas pasadas.
CME: quimioterapia y radioterapia, cirugía espiritual trasplantes de cerebro completo y extirpación del tumor. Si es por metástasis trasplantes de los órganos que lo produjeron. Anulación de contratos en Akáshico de neoplasias, cáncer y deseos de muerte.
CCE: dos días de reposo.

Psiquiatría

Distimia o trastorno distímico.
Trastorno depresivo mayor.
Idea suicida.
Episodio maníaco.
Bipolar.
Trastorno de ansiedad.
Ataques de pánico y trastorno de pánico.
Fobias.
Trastorno obsesivo-compulsivo (ocd).

Esquizofrenia.
Déficit de atención.
Abuso de drogas.
Insomnio.
Trastorno de somatización.
Hipocondriasis.
Síndrome de Munchausen.
Parafilias.
Delirio.
Demencia.

SEN: son personas hipersensibles a las energías invisibles. Aún la ciencia no acepta, del todo, que puedan existir lo que llaman muertos u otros eventos sobrenaturales. Las patologías arriba mencionadas se relacionan con lo anterior. Las personas tienen abiertas puertas de oscuridad. Son puertas que abren el plano astral o bajo astral. La mayoría no sabe lo que le ocurre y su cerebro lo marca como irreal y se empieza a dañar. Sin embargo sí existe lo que ellos sienten, ven o escuchan. Muchos de ellos tienen dentro de sus cuerpos a otros seres como cuerpos de Dobles desencarnados o seres de oscuridad, esto se debe a que tienen capacidades –dones- desarrollados, pero no reconocidos como: clarividentes que ven imágenes que otras personas no pueden ver; clarisintientes sienten lo que otras personas sienten –e incluso enfermedades- y lo hacen suyo y no lo saben; clariaudientes oyen voces dentro de su cabeza o fuera, que otras personas no oyen.

CME: agradecernos llevar al paciente al Corazón de DIOS para que ÉL hable con su Ser Superior y hagan una revisión y anulación de los contratos correspondientes en el Akáshico y creación de nuevos contratos. Nosotros le llamamos al Arcángel Miguel para que haga un escaneo en el paciente y le anule las puertas de oscuridad que estén abiertas y de ser necesario realice los despojos que correspondan a seres desencarnados o de oscuridad. Cirugía espiritual trasplantes de cerebro completo y de las partes que estén dañas. Conexión con la realidad tangible –lo visible.

CCE: dos días de reposo.

Anorexia nerviosa
Bulimia

SEN: deseos inconscientes de muerte, viene de vidas pasadas y trae contrato de suicidio natural.

El despertar de la conciencia

CME: anulación de contratos en Akáshico de suicidio natural. Serotonina y nutrientes vía intravenoso. Cirugía espiritual transplantes de aparato digestivo, sistema muscular, sistema nervioso, cerebro completo, sistema inmunológico y transfusión sanguínea.
CCE: dos días de reposo.

Órganos de los sentidos

Miopía
SEN: miedo a ver el futuro. No ven de lejos.
CME: gotas O-11 cirugía espiritual trasplante de ojos por miopía.
CCE: tres días de reposo, primer día con ojos vendados, segundo sin luz exterior –cortinas cerradas- y tres con luz exterior –cortinas abiertas. Durante quince días sin ver televisión, sin leer y sin usar la computadora.

Hipermetriopía
SEN: miedo a ver el presente y ver de cerca lo que sucede en su vida. No ven de cerca.
CME: gotas, cirugía espiritual trasplante de ojos por hipermetriopía.
CCE: tres días de reposo, primer día con ojos vendados, segundo sin luz exterior -cortinas cerradas- y tres con luz exterior –cortinas abiertas. Durante quince días sin ver televisión, sin leer y sin usar la computadora.

Presbiopía
SEN: falta de aceptación de lo que sucede a su alrededor. No ven de cerca al leer.
CME: cirugía espiritual trasplante de ojos por presbiopía.
CCE: tres días de reposo, primer día con ojos vendados, segundo sin luz exterior –cortinas cerradas- y tres con luz exterior –cortinas abiertas. Durante quince días sin ver televisión, sin leer y sin usar computadora.

Astigmatismo
SEN: miedo a verse a sí mismas. Ven las cosas distorsionadas.
CME: cirugía espiritual trasplante de ojos por astigmatismo.
CCE: tres días de reposo, primer día con ojos vendados, segundo sin luz exterior –cortinas cerradas- y tres con luz exterior –cortinas abiertas. Durante quince días sin ver televisión, sin leer y sin usar computadora.

· · 172 · ·

Catarata

SEN: miedo a ver su propia vida o a su alrededor. En niños viene de vidas pasadas.
CME: cirugía espiritual trasplante de ojos por catarata.
CCE: tres días de reposo.

Degeneración macular

SEN: desconexión con la vida y con lo que lo rodea
CME: aplicar en los ojos láser no térmico. Cirugía espiritual trasplante de ojos por degeneración macular.
CCE: tres días de reposo, primer día con ojos vendados, segundo sin luz exterior –cortinas cerradas- y tres con luz exterior –cortinas abiertas. Durante quince días sin ver televisión, sin leer y sin usar computadora.

Glaucoma

SEN: falta de aceptación a sus aprendizajes relacionados con lo que vio y está viendo.
CME: cirugía espiritual trasplante de ojos por glaucoma.
CCE: tres días de reposo, primer día con ojos vendados, segundo sin luz exterior –cortinas cerradas- y tres con luz exterior –cortinas abiertas. Durante quince días sin ver televisión, sin leer y sin usar computadora.

Desprendimiento de retina

SEN: desconexión con la realidad desde lo que ve.
CME: agradecernos hacer cirugía directa en cuerpo físico, poner banda flexible que es la que va a mantener la retina en su lugar, después drenar el fluido contenido debajo de la retina para poder regresarla a su posición, posteriormente se coloca burbuja de gasa dorada para cubrir al ojo y por último poner un parche protector para el ojo. Cirugía espiritual trasplante de ojo por desprendimiento de retina.
CCE: tres días de reposo, primer día con ojos vendados, segundo sin luz exterior –cortinas cerradas- y tres con luz exterior –cortinas abiertas. Durante quince días sin ver televisión, sin leer y sin usar computadora. Preferentemente evitar viajar en avión en un periodo de tres meses.

· · 173 · ·

Conjuntivitis
SEN: mucho enojo por lo que ha visto, ve y verá.
CME: antibiótico en gotas.
CCE: ninguno.

Pingüécula y pteringión
SEN: miedo a lo que ve por lo tanto se cubre el ojo con una capa más gruesa, para no ver.
CME: cirugía espiritual trasplante de ojos por pingüécula o pteringión.
CCE: tres días de reposo, primer día con ojos vendados, segundo sin luz exterior –cortinas cerradas- y tres con luz exterior –cortinas abiertas. Durante quince días sin ver televisión, sin leer y sin usar computadora.

Orzuelo
SEN: molestia o enojo por lo que ve a su alrededor.
CME: antibiótico, cirugía espiritual para eliminar el orzuelo.
CCE: ninguno.

Chalazión
SEN: petrificación de enojos por lo que ve a su alrededor.
CME: cirugía espiritual de chalazión.
CCE: tres días de reposo, primer día con ojos vendados, segundo sin luz exterior –cortinas cerradas- y tres con luz exterior –cortinas abiertas. Durante quince días sin ver televisión, sin leer y sin usar computadora.

Blefaritis
SEN: enojos permanentes relacionados con lo que ve.
CME: hacer irrigación de párpados, antibiótico en pomada.
CCE: ninguno.

Bacriocistitis
SEN: la persona no ha llorado sus enojos o tristezas, si es en niños viene de vidas pasadas.
CME: antibiótico y cirugía espiritual drenaje y destapar conductos.
CCE: ninguno.

Úlcera corneal
SEN: falta de confrontación con alguna situación.
CME: antibiótico en gotas, antibiótico intravenoso. Irrigación cada doce horas para hidratar el ojo afectado y colocar parche dorado con reductor de luz.
CCE: ninguno.

Hipoacusía y pérdida de audición
SEN: mucho enojo por lo que ha escuchado y ahora se reusa a hacerlo.
CME: cirugía espiritual en el oído afectado, trasplante de las partes afectadas.
CCE: dos días de reposo.

Tinitus (zumbido de oído)
SEN: rechazo a escucharse a sí mismo o su voz interior.
CME: anulación de tinitus.
CCE: ninguno.

Otitis externa
SEN: cansancio y enojo por lo que se escucha
CME: antibiótico y corticoesteroides en gotas directo en oído.
CCE: ninguno.

Otitis media aguda y serosa
(Perforacion timpánica y colesteatoma)
SEN: cansancio y enojo por lo que se escucha.
CME: antibiótico y tratamiento Otis.
CCE: ninguno.

Otoesclerosis
SEN: en la niñez le pedían que no escuchara y ahora no sabe hacerlo.
CME: cirugía espiritual transplante de oído interno, huesecillos de éste y cóclea.
Anulación de contratos en Akáshico de sordera.
CCE: dos días de reposo.

Vértigo y enfermedad de Meniere
SEN: sienten que su mundo exterior está completamente desequilibrado y no saben cómo ayudar.

CME: cirugía espiritual de enfermedad de meniere y equilibrio en los oídos.
CCE: dos días de reposo.

Epistáxis
SEN: mucha tristeza con la vida.
CME: poner pinza para presionar área dañada en la nariz, antibiótico, coagulante y cicatrizante especial, inyectar en los orificios nasales.
CCE: ninguno.

Pólipos nasales
SEN: enojos contenidos hacia la vida.
CME: agradecernos hacer cirugía directa en cuerpo físico, raspado, irrigación y drenaje, rellenar con empaste de siete hierbas y poner luz líquida intravenoso.
CCE: ninguno.

Rinitis alérgica
SEN: alergia a una o varias personas con las que se relacionan, en niños viene de vidas pasadas.
CME: compuesto de siete hierbas en spray. Cirugía espiritual trasplante de sistema inmunológico y de mucosa nasal.
CCE: dos días de reposo.

Disfunción olfatoria
SEN: bloqueo en las emociones negativas y deseos de ya no oler a alguien.
CME: cirugía espiritual trasplantes de terminales nerviosas y de septem nasal e implante de neuronas (las necesarias). Anulación de contratos en Akáshico de pérdida de olfato.
CCE: dos días de reposo.

Genética

Síndrome de Klinefelter
SEN: viene de vidas pasadas.
CME: anulación de contratos en Akáshico de síndrome de klinefelter. Cirugía espiritual trasplante molecular en todo el cuerpo.
CCE: dos días de reposo.

Síndrome X y Y
SEN: viene de vidas pasadas.
CME: anulación de contratos en Akáshico de síndrome XYY. Cirugía espiritual trasplante molecular en cerebro completo.
CCE: dos días resposo.

Síndrome de Turner
SEN: viene de vidas pasadas.
CME: anulación de contratos en Akáshico de síndrome de Turner. Cirugía espiritual trasplante molecular en todo el cuerpo.
CCE: dos días de reposo.

Pseudohermafroditismo en la mujer o en el hombre
SEN: viene de vidas pasadas.
CME: anulación de contratos en Akáshico de pseudohermafroditismo. Cirugía espiritual trasplante molecular en todo el cuerpo.
CCE: dos días de reposo.

Neurofibromatosis
SEN: viene de vidas pasadas.
CME: anulación de contratos en Akáshico de neurofibromatosis. Cirugía espiritual trasplante molecular en todo el cuerpo.
CCE: dos días de reposo.

Distrofia muscular de Douchenne
SEN: viene de vidas pasadas.
CME: anulación de contratos en Akáshico de distrofia muscular de douchenne. Cirugía espiritual trasplante molecular en todo el cuerpo.
CCE: dos días de reposo.

Síndrome de Marfán
SEN: viene de vidas pasadas.
CME: anulación de contratos en Akáshico de síndrome de Marfán. Cirugía espiritual trasplante molecular en todo el cuerpo.
CCE: dos días de reposo.

El despertar de la conciencia

Síndrome de Down
SEN: viene de vidas pasadas.
CME: anulación de contratos en Akáshico de síndrome de down. Cirugía espiritual trasplante molecular en todo el cuerpo.
CCE: dos días de reposo.

Fibrosis quística
SEN: viene de vidas pasadas.
CME: anulación de contratos en Akáshico de fibrosis quística. Cirugía espiritual trasplante molecular en todo el cuerpo.
CCE: ninguno.

Osteogénesis imperfecta
SEN: viene de vidas pasadas.
CME: anulación de contratos en Akáshico de osteogénesis imperfecta y muerte temprana. Cirugía espiritual transplante molecular en todo el cuerpo.
CCE: ninguno.

Síndrome de Ehiers Danlos
SEN: viene de vidas pasadas.
CME: anulación de contratos en Akáshico de síndrome de ehiers danlos. Cirugía espiritual transplante molecular en todo el cuerpo.
CCE: dos días de reposo.

Capítulo VI

ÁNGELES DEL

Rayo Dorado

*A los Ángeles del Rayo Dorado nos precede el
Arcángel Jophiel y nuestra Misión es ayudarles a Abrir su Camino
Dorado, éste es vivir con sabiduría, amor, alegría y abundancia positiva
en todos los
sentidos de su vida, llámenos tres veces con nuestro nombre completo
–Ángeles del Rayo Dorado- y en ese
instante estamos con ustedes. Los amamos y
bendecimos, amén.*

· · 179 · ·

El despertar de la conciencia

Ley del género

Esta Ley está formada por energía femenina y energía masculina, la energía femenina es energía negativa y la energía masculina es energía positiva, esta Ley indica que para crear algo en su vida se requiere de ambas energías. La creación de un Ser Humano contiene ambas energías, fueron concebidos en un cuerpo femenino a través de la unión de estas dos energías, el espermatozoide que es energía positiva –energía masculina- y un óvulo que es energía negativa –energía femenina- dando como resultado a un nuevo ser vivo. El cuerpo físico hombre o mujer contienen ambas energías, el lado derecho es energía masculina –positiva- el lado izquierdo es energía femenina –negativa- La realidad es que todas las cosas visibles o invisibles en el Universo contienen ambas energías.

Mente inconsciente

Es la Mente que contiene el registro de todas las experiencias vividas en esta vida y en ocasiones podría contener experiencias de vidas pasadas, guarda éstas en forma de creencias y son detonadas a través de experiencias presentes. Esta Mente se encuentra en el hemisferio derecho de su cerebro.

Conciencia de precipitación

La creación del Universo está formada por códigos –información que vibra- existe un código único para cada individualidad de DIOS, se llama *"código de existencia"*. Los códigos de las cosas materiales, las actitudes, los comportamientos, creencias y experiencias tienen un igual y se unen –se precipitan uno al otro- cuando ambos son activados. Se llaman *"códigos de unión"*. En el núcleo de cada átomo se encuentran absolutamente todos los códigos de unión, por lo tanto toda individualidad de DIOS contiene en cada núcleo de cada átomo, toda la Sabiduría de EL TODO y por su forma de pensar toman del núcleo un código y lo ponen en su cuerpo físico, precipitando hacia ellos al código igual, para tener una experiencia de vida.

Ahora sólo nos enfocamos a ustedes y sus experiencias de vida. Por ejemplo cuando una pareja se conoce, ambos tienen el mismo número de código de unión, digamos un código -8033- y comienzan a realizar su experiencia, si alguno de ellos suelta el código -8033- entonces la pareja se separa. La existencia de los códigos está en la Sabiduría del Universo y ustedes toman esos códigos por su forma de pensar acerca de ustedes mismos, de la Vida y de los demás. Ya mencionamos como se decodifican y como se vuelven a codificar en ustedes a nivel celular y ADN.

Otro ejemplo es, si ustedes adquieren un objeto material, un automóvil, es porque ustedes tomaron el código digamos -2345- del Universo, que es el mismo número de código -2345- que tiene el automóvil que compraron y si lo venden o se los roban, es porque en un momento de su vida soltaron ese código con su forma de pensar. En el caso de venderlo es porque ustedes deseaban otro automóvil o necesitaban el dinero, soltaron el código -2345- y la persona que se los compra, tomó del Universo ese código -2345- por su forma de pensar. En el caso de robo, ustedes estaban pensando –de forma consciente o inconsciente- en lo peligrosa e insegura que se ha vuelto la ciudad en la que viven y sin saberlo soltaron el código -2345- igual que el código -2345- que tiene el automóvil y un ladrón tomó ese código -2345- del Universo y es por ello que esa persona robó su automóvil y ahora ambos códigos -2345- están unidos.

Lo más importante es que sean conscientes de su forma de pensar, porque ésta les está creando sus experiencias de vida, recuerden que ustedes son los únicos que forman su propia vida, su propia verdad, su historia personal. Con la conciencia de precipitación tienen la oportunidad de crear una mejor calidad de vida.

La figura no. 12 muestra cómo vive su experiencia una persona cuando ya se puso un código de unión.

FIGURA 12a

· · 182 · ·

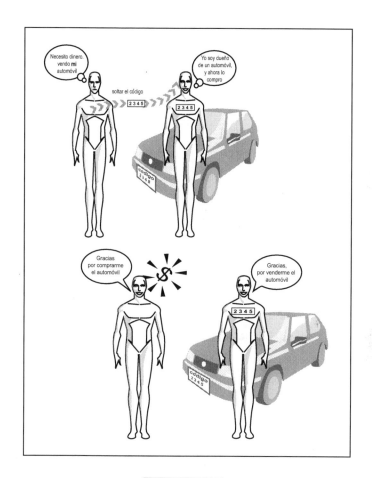

FIGURA 12b

·· 183 ··

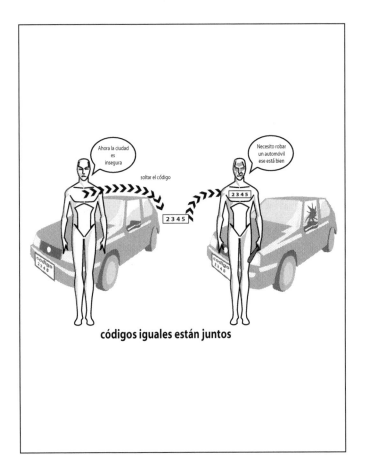

codigos iguales están juntos

FIGURA 12c

·· 184 ··

1.- Código cristal

Toda creación se inicia con un pensamiento y para que ésta se manifieste en su vida se requiere de energía negativa y energía positiva.

La figura 13 nos muestra los movimientos que se realizan para que una creación se manifieste.

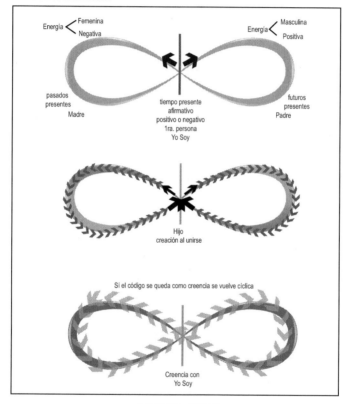

FIGURA 13

Este es el símbolo del infinito, geometría sagrada, el pensamiento que se realiza "YO SOY" –tiempo presente, primera persona y afirmativo- está marcado con una línea recta vertical en el centro del símbolo, cuando se tiene el pensamiento, éste inmediatamente se convierte en pasado –lado izquierdo- es energía negativa, energía femenina y simultáneamente este pensamiento se convierte en sus futuros presentes –lado derecho- es energía positiva, energía masculina. Cuando ambas energías la negativa y la positiva vuelven a unirse forman una creación –un código- la manifestación en sus vidas de lo que pensaron con el "YO SOY" como una experiencia de vida personal, el tiempo en que recorren el símbolo, depende de la certeza que tengan de lo que manifiestan con sus pensamientos. Se puede manifestar de forma espontánea (no todas las cosas como por ejemplo un bebé), en minutos, horas, días, semanas, meses, años o incluso vidas. (Casi todo requiere de un proceso de vida). Se requiere de una madre y un padre para crear una nueva vida, energía femenina y energía masculina, dando como resultado un hijo. Bueno sus pensamientos son creaciones o hijos que dan vida a sus experiencias. El motivo por el cual no manifiestan un pensamiento del "YO SOY" es porque en un momento siguiente, deciden que ya no son "YO SOY" y eso forma bloqueos en el recorrido de ambas energías en el símbolo. Crean y descrean y aquello que descrean es lo que viven como realidad. Por ejemplo un día dicen "YO SOY" feliz y otro dicen "YO NO SOY" feliz ese cambio de decisión los mantiene en el polo negativo, su experiencia es de no ser, hasta que vuelven a decidir "YO SOY" feliz, entonces vuelve la energía de creación a avanzar y si se mantienen con la certeza de que son felices, llega el punto de encuentro y se convierte en su realidad y si se quedan con la certeza de que ustedes son "YO SOY" se vuelven ciclos en su vida. Sus pensamientos abarcan todos los aspectos de su vida, la relación con ustedes mismos, con la Vida y con los demás.

Este símbolo se mueve con el funcionamiento de todas las Leyes de la Naturaleza, es verdad que toda creación se inicia con un pensamiento positivo o negativo y con palabras expresadas –Ley de los Contrarios- seguida por una emoción con energía positiva o negativa –Ley de la Vibración- recuerden que nada es bueno o malo, sólo es energía positiva o negativa –Ley de lo Relativo, dirigiendo sus pensamientos o palabras hacia otras personas –Ley de Dar y Recibir- tomando una decisión sobre sus pensamientos de forma consciente o inconsciente positiva o negativa y llevan a cabo una acción –Ley del Karma (causa y efecto)- generando una creación positiva o negativa –Ley del Género.

¿Qué pueden generar o crear en su vida? ¡Lo que elijan!: amor; fe; sabiduría; salud física, mental y emocional; evolución espiritual; relaciones armoniosas; trabajos bien remunerados; éxito y prosperidad; pareja permanente; familia integrada, etc.

Algo muy importante es que sólo pueden crearse o cambiarse a sí mismos, nadie puede crear o cambiar a otra persona o sus circunstancias y esto es porque cada uno de ustedes forma su propia verdad personal, su propia creación, su historia personal. Cuando hablamos de lograr mejores relaciones, lo que sucede es que ustedes cambian y al cambiar ustedes, cambian el código que tienen y precipitan hacia ustedes ese nuevo código que tiene la otra persona.

Existe una clave y una llave para abrir un portal de energía de precipitación más rápida y ésta es el Código Cristal: la llave es que la creación está diseñada con el número tres y la clave de ese número es el Padre, la Madre y el Hijo.

El Código Cristal se usa de la siguiente forma:

Repitan en su mente en el nombre de Dios Padre, Dios Madre y Dios Hijo (mientras repiten cada uno, visualicen como el símbolo del infinito se dibuja en su mente, partiendo del centro simultáneamente a la izquierda y a la derecha, al unirse se cruzan las líneas volviéndose cíclicas, esto sucede tres veces) activo a mi nivel ADN y celular esta creación a la velocidad de mi pensamiento. Amén.

Pueden hacer uso de este código para precipitar más rápido, en el siguiente tema hablamos de las visualizaciones, al terminar éstas sellen con Código Cristal esa visualización y pueden tener la certeza que su creación se manifiesta más rápido.

2.- Realización de metas

Ustedes hablan mucho del éxito y del fracaso, toman como éxito la realización de una meta, la manifestación de sus deseos hechos realidad y tratan de lograrlo a través de esfuerzo, sacrificios, lucha, agotamiento y en ocasiones de formas negativas sin importarles a quién se llevan en el camino. Y toman como fracaso la falta de concretar sus metas y la no realización de sus deseos. Quedando en muchas ocasiones con depresiones severas e incluso ha habido personas que se han suicidado ante un evento tal.

El éxito es una forma de vida, es darse cuenta en el aquí y ahora de lo bello que es vivir, es agradecer y crearse a ustedes mismos en la versión más maravillosa que pudieron imaginarse, es saber disfrutar sus cuerpos físicos con todas sus experiencias positivas y negativas. Es el aprender a crear con su sabiduría —su forma de pensar- sus futuros presentes, es vivir la paz interior, el amor incondicional, la salud física y el intercambio de bienes y servicios a través del dinero.

El fracaso es un mecanismo de la naturaleza que los acerca más a sus metas, es ir en una dirección diferente a la que dicen ir, reflexionen en lo que desean y observen sus pensamientos, ¿éstos los están llevando a donde dicen ir? Si no es así, entonces cambien su forma de pensar hacia la dirección que desean ir.

Todos los Seres Humanos desean estar bien de salud, comer, tener amor, paz y objetos materiales ¿por qué no se cumplen sus deseos? Existe un proceso natural en el Universo para la creación de cada uno de sus deseos. O como ustedes le llaman: materializar, manifestar o realizar, veamos cómo funciona.

Primer paso

Lo primero que necesita el Ser Humano para manifestar sus deseos físicos, emocionales, espirituales o materiales es saber qué quiere, si no saben lo que quieren es imposible que obtengan eso que no saben, pero muchos sí lo saben, entonces ¿por qué no lo manifiestan como un hecho en su vida.

Segundo paso

Es muy importante el lenguaje, lo que necesita el Ser Humano es ELE-GIR eso que desea, ¿cómo se elije? En primera persona, en tiempo presente y afirmativo, recuerdan la clave mágica "YO SOY" cuando utilizan el "YO

DESPERTAR DE LA CONCIENCIA 28 de octubre.indd   188   05/11/2015   07:48:05 p. m.

SOY" están tomando un código del Universo y lo están poniendo en ustedes. Recuerden que el "YO SOY" es EL TODO "DIOS"

Tercer paso

Ustedes saben ¿en dónde se construyó el primer castillo en su planeta? La respuesta es que fue construido en la Mente de alguien, si esa persona no hubiera imaginado y construido ese castillo en su Mente, entonces no existiría el que es el primer castillo construido, como primer castillo, sería otro castillo como primero, si otra persona lo hubiera construido en su Mente. Por lo tanto, es importante que construyan en su Mente aquello que eligen con el "YO SOY" háganlo con una visualización con sus cinco sentidos: denle forma, figura y colores; perciban sus aromas; sientan, toquen, acaricien; escuchen los sonidos, las voces, los diálogos, las charlas; degusten esta experiencia como real y maravillosa en su MENTE. También es importante que lo realicen sin pensamientos ¿qué significa sin pensamientos? Anulen todo cuestionamiento ¿dónde? ¿cómo? ¿cuándo? ¿quién?, para poder manifestarlo en su vida. Utilicen todos los materiales que requieren para su elección sin escatimar en costos. La Mente no sabe lo que es real o lo que no es real, ella toma como real todo aquello que ustedes creen que es real y es por eso que cuando en la visualización se cuestionan, eso que piensan también se materializa en sus experiencias como real. Entonces ustedes mismos se ponen bloqueos en sus elecciones. Permitan que el Universo resuelva esas interrogantes, precipitando hacia ustedes el código igual al que se están poniendo.

Un ejemplo de visualización podría ser una persona que tiene relaciones conflictivas con su pareja y elige una mejor relación, primero realizar el ejercicio que viene en el capítulo V sobre cómo cambiar mis relaciones y después visualizarse –usando sus cinco sentidos -con esa persona sus nuevas elecciones de conductas. Este ejercicio se hace durante siete días, una vez al día, a la misma hora, en la misma silla, para que su Mente lo tome como real.

Poner música de sonidos naturales o instrumentales, sentados, ojos cerrados, piernas descruzadas, pies puestos en el piso, manos en los muslos con las palmas hacia arriba. Ahora inhalen y exhalen varias veces hasta que estén relajados. Comiencen a crear una escena en donde se encuentran con su pareja, ella les habla de una forma suave, amorosa y respetuosa, ustedes escuchan y dialogan en la misma manera, les toma de la mano y la acaricia,

El despertar de la conciencia

ustedes ven su semblante bello, perciben su aroma agradable, degustan está experiencia como maravillosa, ahora pueden ver en ella todas las cualidades positivas que han elegido y que ustedes también tienen.

Cuarto paso

Mientras están visualizando, sientan en su CUERPO FÍSICO como real, como un hecho, sin cuestionarse, la experiencia. Si lo hacen, la Mente lo toma como real y lo manifiesta de esa forma en sus futuros presentes. Recuerden que sus futuros presentes los forman con sus pensamientos con el "YO SOY".

Al terminar su visualización, sellen con Código Cristal, se inclinan hacia el frente con ojos cerrados, sacuden sus manos, como si trajeran agua y al incorporarse pueden abrir los ojos, gracias, gracias, gracias.

Quinto paso

Es importante dejar de pensar en lo que acaban de hacer ¡es un hecho! Lo anterior significa SOLTAR, cuando ya existe algo, no piensan en ello, lo disfrutan –si es positivo- o lo padecen –si es negativo- para soltar es necesario dar los pasos que les corresponden –accionarse- y comportarse como si lo fueran y permitir que el proceso de la vida ¿dónde? ¿cómo? ¿cuándo? ¿quién? Lo resuelva ella y precipite hacia ustedes el código que eligieron con el "YO SOY".

Qué pasos corresponden al ejemplo antes mencionado: primero elegir los cambios de cualidades -que desean de su pareja- en sí mismos y segundo comportarse como si lo fueran. Si ustedes después de su visualización se siguen comportando como antes, entonces no va a funcionar, están bloqueando el proceso de cambio.

Ejemplos:

a) Si no tienen trabajo y desean generarlo, realicen el proceso anterior y en su visualización vean como van a trabajar, como conviven con sus compañeros de trabajo ¡es más! es día de pago y reciben su sueldo.

· · 190 · ·

Es importante no incluir el dónde, cuándo, cómo, quién. Dejen de pensar que no tienen trabajo, ahora es el momento de accionarse, hagan saber a sus amistades que ya están listos para trabajar, repartan curriculums en diferentes empresas. Lo más extraordinario, es que la Vida se encarga de precipitar el código que se pusieron de que ya son empleados de una empresa.

Ahora compórtense como si lo fueran, dejen de quejarse, agradezcan y disfruten todo lo que tienen, recuerden que lo que están viviendo lo crearon en sus pasados presentes con su forma de pensar y sus decisiones –conscientes o inconscientes. Con este nuevo pensamiento y decisión están formando sus futuros presentes.

b) Si lo que quieren es generar dinero –la realidad es que es lo más fácil de generar- porque a nadie le pertenece, sólo son administradores de él. En su visualización vean como disfrutan de los bienes y servicios que les brindan otras personas con el intercambio de dinero, disfruten el adquirir un bien como comida, ropa, automóvil, vivienda que cubre sus deseos y necesidades y uno que otro lujo. También disfruten de los servicios, luz, agua, teléfono, viajes, fiestas, vacaciones, etc.

Es importante no incluir el dónde, cuándo, cómo, quién. Dejen de pensar que no tienen dinero, ahora es el momento de accionarse, trabajen, compren billetes de lotería, rifas, etc.

Ahora compórtense como si lo tuvieran, dejen de quejarse de lo que no tienen, de las deudas, de lo caro que está todo, agradezcan y disfruten lo que tienen y mantengan ese pensamiento positivo, sabiendo que lo que están viviendo, lo generaron en sus pasados presentes con su forma de pensar y sus decisiones –conscientes o inconscientes- con este nuevo pensamiento y decisión están formando sus futuros presentes.

2.1.- Proyecto de vida

Pueden realizar un proyecto de vida, primero les sugerimos hacerlo en borrador, para que reflexionen si eso es lo que quieren en su vida. Después lo escriben en papel de estraza y con lápiz. Escriban en un solo párrafo sin las preguntas.

Recuerden que están libres de límites para crearse a sí mismos, la abundancia está al alcance de todos.

El despertar de la conciencia

Utilicen frases en presente, positivo y afirmativo con el "YO SOY"

Eviten en sus frases los adverbios "no, nunca y jamás"

¿Cómo elijo estar emocionalmente?

Ejemplos: Yo soy equilibrio, amor, armonía, sabiduría, etc.

¿Cómo elijo estar físicamente?

Ejemplos: Yo soy salud física perfecta, delgado, etc.

¿Cómo elijo mi relación conmigo mismo?

Ejemplos: Yo soy honesto, leal, fiel, etc.

¿Cómo elijo qué sea mi pareja en lo emocional y en lo físico?

Ejemplos: mi pareja es amorosa, equilibrada, fiel, exitosa, salud, delgada, etc. (en este último caso saben que no pueden cambiar a la otra persona, sin embargo si su pareja tiene sobrepeso, dejará de molestarles esa situación). Pueden poner el nombre de su pareja si ya tienen pareja, en caso de no tener, sólo pongan mi pareja es. Eviten poner el nombre de una persona en especial, sólo porque creen que la aman o les gusta, quizá esa persona no tenga el mismo código que tienen ustedes.

¿Cómo elijo mi relación con las personas con las que vivo?

Ejemplos: poner nombres y cualidades de las personas con las que viven, ya no es necesario poner a la pareja, ya la pusieron.

¿Cómo elijo mi relación con las personas con las que convivo?

Aquí existen dos rubros, la familia sanguínea y política y los amigos. Se pueden poner como rubros o poner nombres de cada miembro de la familia y de cada amigo, elijan cualidades que deseen de ellos.

¿Qué tipo de trabajo elijo realizar? Analizar qué les gusta hacer

¿En qué tipo de empresa elijo trabajar?

¿Qué tipo de personas elijo que estén cerca de mí, con relación a mi trabajo?

¿Cuánto elijo recibir económicamente por el trabajo que realizo?

Todas las preguntas anteriores pueden ponerlas en un solo párrafo.

· · 192 · ·

DESPERTAR DE LA CONCIENCIA 28 de octubre.indd   192   05/11/2015   07:48:05 p. m.

Ejemplo: Yo soy Instructora de Desarrollo Humano y trabajo en la mejor empresa, con personas que me aman y a las cuales yo amo, ganando mucho dinero.

La mejor empresa para cada uno de ustedes es en la que se encuentran y se encuentran en ella por su forma de pensar.

¿Qué ingreso económico mínimo mensual elijo recibir?

El ingreso no es lo mismo que un sueldo, es todo lo que reciben, tanto de su salario como los regalos que les manda el Universo con otras personas.

Ejemplo: mi ingreso mínimo mensual es de $ _____ libre ya de impuestos.

Por favor eviten poner cantidades que en este momento por su forma de pensar no logren manifestar rápidamente, vayan subiéndose en porcentajes de un veinte por ciento, cuando lo logren vuelvan a subir su ingreso y así sucesivamente.

¿Adónde elijo ir de vacaciones?

Ejemplo: Yo estoy de vacaciones en _____poner ciudad y fecha.

Programen sus vacaciones, son necesarios en su vida, sin embargo hemos notado que se endeudan cuando las realizan y pasan en ocasiones hasta un año con conflictos económicos para cubrir esa deuda. A continuación les damos una técnica para que tengan unas vacaciones felices y sus futuros presentes libres de deudas por sus vacaciones.

Elije un lugar, ponle una fecha y realiza el proceso de manifestación de creación, acude a una agencia de viajes y pregunta cuánto te cuesta el viaje que deseas realizar, incluye en el precio a las personas que dependen económicamente de ti. Ahora divide esa cantidad entre el número de meses que te faltan para que te vayas de vacaciones, invierte cada mes la cantidad que te salió en la división, evita disponer de esa cantidad para otro asunto, haz como si no lo tuvieras y cuando lleguen tus vacaciones, las pagas de contado. Lo maravilloso de esto es que encontrarás ofertas y te sobrará dinero para que las disfrutes.

Quizá piensen cómo invertir si no me alcanza, este es un pensamiento negativo, tal vez si no les alcanza, es porque deben mucho en tarjetas de crédito, ¿de tus últimas vacaciones? Éstas les salieron más caras, porque pagaron intereses por haberlas sacado a crédito. ¿Las disfrutaron o se sintieron culpables y restringidos cada vez que usaban la tarjeta de crédito? Después han estado enojados por la deuda. Si aún deben sus últimas vacaciones, entonces prográmenlas un año después de que terminen de pagar su tarjeta, después inviertan para sus vacaciones, como si estuvieran pagando la tarjeta, cuando vivan sus vacaciones estarán felices y despreocupados y libres de deudas.

¿Aspecto material?

Con relación a éste describan sus sueños o deseos.

Ejemplos: Yo soy dueño de una casa –describan la casa- yo soy dinero, yo soy dueño de un automóvil –describan el automóvil, la marca y el año, etc.

Ahora lleven a cabo el proceso de manifestación con los pasos antes mencionados, generen el código en ustedes y compórtense como si lo fueran y de esa forma, la Vida les manifestará sus creaciones como una realidad personal.

Técnica caja de Dios

Es una maravillosa herramienta que ya muchos de ustedes conocen: una caja de zapatos, sin zapatos, forrada con papel dorado, háganle una abertura como de alcancía en la parte superior y en cada una de las caras, escriban "DIOS" o si prefieren "UNIVERSO" "VIDA" y metan en la caja su proyecto de vida, para que dejen de pensar en él. Permitan que Dios y el proceso de vida manifieste –precipite- en su vida sus elecciones –creaciones. También pueden utilizar esta caja para dejar en manos de "DIOS" cualquier conflicto que no puedan resolver, tanto de ustedes o de sus familiares y amigos. Escriban en papel de estraza y con lápiz:

Ejemplo: Gracias, gracias, gracias "DIOS" por este regalo de vida, por el nuevo empleo de tal persona; por la salud de tal persona; por darme la sabiduría para resolver tal conflicto. Tengan la certeza de que "DIOS" les ayuda, dejen en sus manos la situación.

La caja se guarda en lugar en donde no la estén viendo, para evitar que estén pensando en ello.

Nosotros los Ángeles podemos poner energía de precipitación y certeza con amor y sabiduría en su caja, sólo llámenos y con gusto lo haremos.

· · 194 · ·

3.- El proceso de vida

La manifestación de una creación requiere de un proceso de vida, este se lleva a cabo en diferentes etapas, dependiendo su tiempo de la certeza que tengan de lo que se elijen crear —manifestar.

Un proceso de vida se ve más claro en la gestación de un bebé. Cuando se elije de forma consciente o inconsciente tener un hijo. Se accionan al tener relaciones sexuales y viene la concepción, para que el hijo se manifieste, como tal requiere de una gestación de nueve meses, en ocasiones se adelantan y son prematuros, sin embargo, nadie tiene un hijo de forma espontánea, nada más porque lo desea y lo elije, esta creación pasa por un proceso de vida dentro del vientre de la madre.

Otro proceso de vida claro se puede observar en la flora, al sembrar una semilla, ésta requiere ciertos cuidados, por ejemplo ustedes se accionan con ella al ponerle agua y la Vida le da luz y aire. En el proceso de la planta que se desea, lo primero es que le brotan las raíces, después un tallo, seguidas de hojas, flor y finalmente el fruto. Ustedes lo que desean manifestar es el fruto que nació de esa semilla.

Los invitamos a sembrar, como ejercicio, semillas de frijol, en un vaso transparente pongan algodón como si fuera el nido de un ave y coloquen cuatro semillas de frijol en el algodón como si fueran huevos, su acción es mantenerla húmeda con agua y en un lugar donde reciba luz y aire. Observen cómo le sale la raíz, después el tallo, hojas, flor y fruto. Dependiendo de cómo se comporte su crecimiento, este tiene que ver con la forma en que ustedes se comportan con sus creaciones. ¿Se marchitó, creció muy rápido, no creció? descubran cómo son ustedes.

Cada elección que tienen con el "YO SOY" es como una semilla sembrada y ésta también tiene un proceso de vida, para poder manifestarse como tal. Es importante que sepan que en ocasiones se manifiesta de una forma diferente a su elección, hasta que toma la forma elegida. Veamos tres ejemplos.

Si ustedes siembran una semilla de frijol ¿qué cosechan? ¿papas, naranjas, aguacates? ¡no! Cosechan frijol.

Lo mismo sucede con su elección si elijen —siembran- amor, lo que obtienen —cosechan- es amor

La figura 14 muestra ejemplos de un proceso de vida para que se manifiesten.

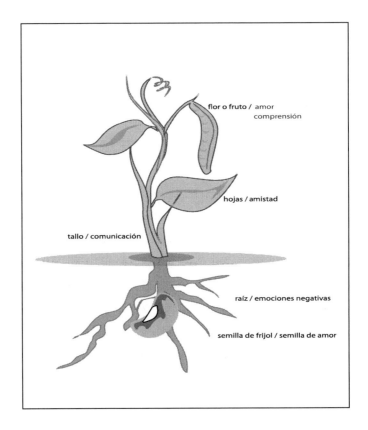

flor o fruto / amor comprensión

hojas / amistad

tallo / comunicación

raíz / emociones negativas

semilla de frijol / semilla de amor

FIGURA 14

DESPERTAR DE LA CONCIENCIA 28 de octubre.indd   196   05/11/2015   07:48:06 p. m.

Cuando se siembra una semilla de frijol, lo primero que le nace es una raíz ¿ésta se parece al frijol? ¡no! Ahora sembremos amor, ¿cuál podría ser la raíz para el amor? darse cuenta de todo lo negativo que tienen, sus dudas, miedos, culpas, enojos y tristezas, ¡claro! Esto no se parece al amor, sin embargo es necesario transmutarlas para poder ser amor, como pueden observar en la ilustración anterior durante el proceso nada se parece a la semilla hasta que ésta se convierte en un fruto, así son sus creaciones –elecciones. Si se enojan durante el proceso de vida de sus creaciones o tienen impaciencia por obtenerlas, más las atoran, menos se manifiestan, hasta que tengan la certeza absoluta de que son un hecho en su vida, una realidad, es por ello que CREER PARA VER es la mejor forma de manifestar más rápido. Aunque la mayoría de ustedes quieren VER PARA CREER esto no manifiesta.

El intervenir con el ¿dónde, cuándo, cómo y quién? sólo retrasa su manifestación, porque quizá el ¿dónde, cuándo, cómo y quién?, no corresponden al código que ustedes eligieron. Dejen que la Vida encuentre el código y lo precipite a ustedes. La Vida les irá dando señales del ¿dónde, cuándo, cómo y quién?, ustedes se darán cuenta de ello. Estén atentos a éstas y den los pasos que les correspondan. ¡Acciónense!

Diviértanse creándose a sí mismos en la más hermosa versión que jamás hayan imaginado.

Capítulo VII
ÁNGELES DEL

Rayo Azul

A los Ángeles del Rayo Azul nos precede el Arcángel Miguel, nuestra Misión es ayudar a Proteger, de la oscuridad, a los Seres Humanos, a Desarrollar su Fe y su Paz Interior, si nos llaman protegeremos sus cuerpos Físico, Mental, Emocional y el Doble, a sus familias y amigos y sus bienes materiales, llámenos tres veces con nuestro nombre completo –Ángeles del Rayo Azul- y al instante estamos con ustedes. Los amamos y bendecimos, amén.

DESPERTAR DE LA CONCIENCIA 28 de octubre.indd   199

Ley del péndulo

Esta Ley indica que entre más energía positiva se genera, más energía negativa se presenta ¿qué significa? Cuando ustedes se mueven –transmutan– hacia el polo positivo con el "YO SOY" más se dan cuenta de la existencia del polo negativo "QUIEN NO SON"

Recuerden que el polo negativo fue creado para poder conocer "quién no son" y poder disfrutarse cómo "quien realmente son" una individualidad de "DIOS". Si no conocen la tristeza no pueden disfrutar de la alegría.

La figura 15 muestra la Ley del Péndulo.

Mente subconsciente

Es la Mente que se encarga de controlar las cuatro grandes emociones negativas, los miedos, los enojos, las tristezas y las culpas, éstas últimas son un proceso mental que involucra miedos, enijos y tritezas. Se encuentra en el tercer chakra.

Conciencia de equilibrio

Cuando ustedes están inmersos en el polo negativo, sólo pueden ver este polo como su propia realidad y no se dan cuenta de la energía negativa que los rodea, porque ustedes están igual que los demás. Cuando se mueven –transmutan– entonces al darse cuenta de la existencia del polo negativo podrían sentir que algo no está bien. La realidad es que es muy importante que se mantengan en el polo positivo, porque de lo contrario podrían volver a involucrarse en el polo negativo. Recuerden que las experiencias de vida son personales, individuales. Lo que sienten que no está bien, es porque no les agrada ver a los demás en el polo negativo, les duele ver a los demás sufrir, enojados, con conflictos emocionales. No saben que hacer ahora que ustedes se sienten bien.

Cuando llegan a realizarse en todos sus aspectos de vida en el polo positivo, evolucionan y ahora su experiencia de vida cambia de posición en las Leyes de la Naturaleza. Ustedes actualmente tienen como Ley primaria a la Ley de los Contrarios y sus pensamientos negativos son con "YO SOY" cuando alcanzan en su totalidad al "YO SOY" positivo, la Ley del Péndulo se con-

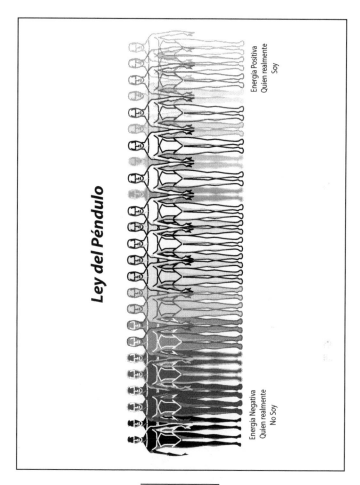

FIGURA 15

vierte en su Ley primaria y la Ley de los Contrarios en Ley secundaria. Ahora sus pensamientos son positivos y podrían vivir experiencias negativas, pero éstas son temporales, entonces ahora dicen "YO ESTOY" en lugar de "YO SOY" las experiencias se vuelven temporales en lugar de ser permanentes.

Ejemplos: cuando se vive en el polo negativo dicen: yo soy triste, amargado, enojón, desordenado, pobre, etc. El yo soy se vuelve permanente. Sin embargo estando en el polo positivo, ustedes ahora dicen: yo estoy triste, yo estoy amargado, yo estoy enojado, yo tengo un desorden, estoy pobre, etc. El yo estoy sólo es una experiencia temporal.

La conciencia de equilibrio significa mantenerse en el polo positivo, sin importar los eventos negativos que se puedan vivir con otras personas, manteniéndose consciente de que esas experiencias son temporales.

1.- Los juicios

¿Qué es un juicio? Etiquetar de forma negativa o positiva una experiencia, si la etiqueta es positiva disfrutan lo que la Vida les devuelve. Pero si la etiqueta es negativa, no les gusta lo que la Vida les devuelve. Entonces los invitamos a reflexionar sobre las etiquetas negativas que hacen sobre otras personas, las experiencias, la Vida y sobre todo hacia ustedes mismos.

Respetar el aprendizaje de los demás y el de ustedes, sabiendo que todos están aprendiendo, los lleva a tener una mejor calidad de vida, con relaciones llenas de amor, sabiduría, equilibrio, salud, economía sana, evolución espiritual, etc.

¿Cómo pueden dejar de juzgar? Comprendiendo que todos tienen una verdad personal, por tener creencias diferentes, experiencias diferentes, formas de pensar diferente y una historia de vida diferente. Respetando sus aprendizajes, acompañándolos en forma positiva en éstos, dejando que evolucionen a su ritmo, guiándolos con sabiduría y sobre todo vivir ustedes sus propios aprendizajes. Nos hemos dado cuenta que muchos de ustedes, en lugar de dejar al otro que viva su aprendizaje, ustedes lo viven por él. Por ejemplo: a sus hijos, no les permiten que realicen ciertas tareas, porque a ustedes les parecen peligrosas o que no son capaces y deciden hacerlas por ellos, con todo respeto para ustedes, en ocasiones les ayudan a sentirse inútiles, inseguros y con autoestima baja. Podrían acompañarlos, cuidarlos y guiarlos en esas tareas, para que ellos se desarrollen y se sientan útiles, seguros y con autoestima alta.

1.1.- Desarrollo de la fe

Una fórmula para confiar en los demás, en la Vida y en sí mismos es el desarrollo de la Fe ¿qué es la Fe? La certeza absoluta de que algo es ¿y si es? entonces ¡es! ¿cómo desarrollarla? muy sencillo, con la congruencia ¿qué es congruencia? pensar, decir y hacer lo mismo. Nos hemos dado cuenta que muchos de ustedes piensan una cosa, dicen otra y realizan otra, a esto se le llama incongruencia. Recuerdan que para manifestar una creación es importante mantener la decisión de su elección, bueno cuando ustedes son incongruentes lo que están haciendo es des-creando su creación. Comportarse como si lo fueran es el primer paso para aprender a ser congruentes y si se mantienen en ello, logran ponerse el código de lo que eligieron, entonces ahora sí ya son "YO SOY" en positivo y al hacerlo quiere decir que ya desarrollaron la Fe –la certeza absoluta de que algo es.

En un documento que tienen en su planeta llamado "Biblia" dice conforme a tu Fe te será dado, esto se refiere, que cuando tienen la certeza absoluta de que algo es, ustedes lo viven como una realidad personal.

2.- Protector

En el Universo dentro de la Ley del Péndulo existe, fuera de la energía negativa, la oscuridad y fuera de la energía positiva, la Luz.

La figura 16 muestra la Luz y la Oscuridad.

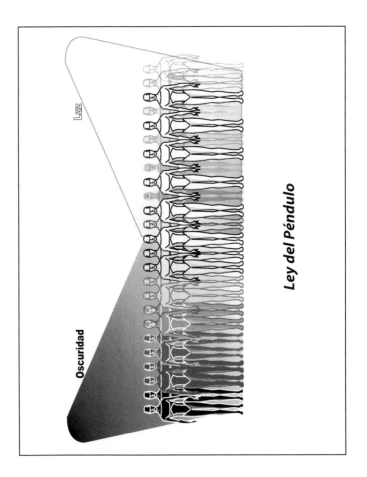

FIGURA 16

"EL TODO ABSOLUTO" es Luz Absoluta y creó para sí mismo a su contrario la oscuridad, en ella viven seres, que evolucionan entre ellos, se les llama seres de oscuridad ustedes les llegan a llamar "diablo" "satán" o "demonios". Lo hizo con el objetivo de que estos seres ayuden a los Seres de Luz –todos los Seres Humanos son Seres de Luz- a ir hacia Él "DIOS ABSOLUTO"

Cuando un Ser de Luz se encuentra en el polo negativo, es muy fácil ser ayudado por un ser de oscuridad a ser más negativo y cuando se llega al extremo de este polo, tienen dos caminos, perderse en él durante mucho tiempo, en ocasiones vidas o acudir a "DIOS" para que les ayude y entonces comienzan de nuevo a ver la Luz y viene su transformación y recorrido hacia el polo positivo.

Podría ser innecesario tocar el extremo del polo negativo, si ustedes lo deciden, nosotros los Ángeles del Rayo Azul les podemos ayudar con nuestra protección. El Arcángel Miguel ha creado una energía llamada "PROTECTOR" con la cual los protege para evitar que la oscuridad los toque. Lo único que necesitan es llamarnos con nuestro nombre completo tres veces –Ángeles del Rayo Azul- y agradecerle al Arcángel Miguel que cubra todos sus cuerpos Físico, Mental, Emocional y al Doble con energía Protector de forma permanente y qué nosotros los Ángeles del Rayo Azul seamos sus Guardianes en esta vida. Pueden tener la certeza absoluta de que así es.

Existen puertas de oscuridad, algunos de ustedes las tienen abiertas, sobre todo los niños. Estas puertas son dos planos que se llaman el astral y el bajo astral. En el astral habitan los cuerpos de Dobles desencarnados –seres que su cuerpo físico ya murió- porque se quedaron atrapados entre el mundo físico y el mundo del Ser Superior por apegos a las personas o lo material. En el bajo astral habitan seres de oscuridad.

Cuando una persona tiene abierta una puerta de oscuridad experimenta miedos, estados de pánico e incluso la enfermedad que ustedes llaman esquizofrenia, ven muertos, monstruos, seres de oscuridad. Estas puertas se encuentran localizadas en los chakras generalmente en el séptimo (sienten que alguien está dentro de ellos y escuchan dentro de su cabeza muchas voces negativas o tienen pensamientos negativos que no pueden controlar -como mata a alguien o mátate, la vida no vale la pena, no tiene sentido, no sirves para nada) sexto (ven muertos, monstruos o seres de oscuridad sobre todo

· · 205 · ·

en sueños e incluso luchan contra ellos y en ocasiones llegan a despertarse cansados y golpeados) quinto (oyen voces negativas fuera de ellos) cuarto (llegan a perder el sentido de vida y entrar en estados de depresión profunda sin ningún motivo, de la nada) tercer (entran en estado de pánico constante y se sienten perseguidos por alguien e inseguros en cualquier lugar). Existen otros chakras, en los cuales puede estar una puerta abierta, el alfa y el omega.

Si conocen a alguien con experiencias como las antes descritas, nosotros los Ángeles, en especial el Arcángel Miguel puede anular esas puertas y hacer despojos de los seres que se estén dentro de la persona. Lo único que necesitan es llamarnos y agradecerle al Arcángel Miguel que revise a tal persona (por favor le dan el nombre completo de la persona) y anule todas las puertas de oscuridad que estén abiertas y de ser necesario haga el despojo correspondiente y después que ponga la energía Protector y que nosotros seamos sus Guardianes. Con mucho amor lo hacemos.

También la energía Protector la podemos poner en sus bienes materiales.

3.- Energía Fenix

Soy el Arcángel Miguel, la primera vez que llegué a su planeta hace muchos siglos, mi Misión fue luchar contra la oscuridad para protegerlos a ustedes de ella, en un enfrentamiento quedé prácticamente destruido, para recuperarme, cree con la Sabiduría Divina de "DIOS ABSOLUTO", la energía Fénix, está energía no transforma ni transmuta, lo que hace es crear de la nada vida, en todos los sentidos de ésta. He regresado con ustedes invencible e indestructible. Ahora quiero compartir con ustedes esta energía Fénix, si ustedes así lo eligen me pueden llamar y con gusto les proporciono energía Fénix como acelerador de sus propias transmutaciones o creaciones hacia lo positivo. Sabiduría, amor, fe, paz interior, amor así mismos, confianza, autoestima alta, salud física, mental y emocional, éxito, prosperidad económica, etc.

Existe dentro de los Ángeles del Rayo Azul una legión de Ángeles llamados "Legión 8888" ellos están gustosos de que los conozcan y de ayudarlos en todos los aspectos de su vida. Lo único que necesitan es llamarlos por su nombre completo tres veces –Ángeles de la Legión 8888- y uno de ellos se quedará de forma permanente con cada uno de ustedes, le pueden poner un nombre y agradecerle que los ayude a resolver cualquier situación. Los amamos y bendecimos, amén.

Mensaje de los ángeles

La Madre Tierra es un ser vivo y una parte de ella depende de la mente física –mente humana- cuando ustedes piensan en forma negativa ella recibe esa energía en un espacio electromagnético llamado "inconsciente colectivo" y se va creando desequilibrio en toda su estructura física, tanto en el exterior, como en su interior, teniendo reacciones de mayor magnitud: en los movimientos de las placas tectónicas, huracanes, erupciones volcánicas, deshielos, aberturas en la capa de ozono.

Este mensaje es para invitarlos a moverse hacia el lado positivo y vivir la Ley del Péndulo como Ley primaria y la Ley de los Contrarios como secundaria, de está forma ayudan a su Planeta a estar más sano.

Es un Planeta hermoso en donde se aprende el amor y se disfruta de lo tangible, la Madre Tierra los ama incondicionalmente y merece todo el respeto que le puedan brindar a su cuerpo.

El Sol es un ser vivo, que ayuda a la Madre Tierra a dar vida a los seres que habitan en ella y nos referimos a la vida tal y como la conocen –flora y fauna- ustedes entran dentro de la fauna. Gracias al amor incondicional que emite el Sol, a través de su Luz les llega a su Planeta energía de vida –energía Crística- en combinación con los elementos aire, agua, fuego y tierra. El Sol se encuentra con ustedes las veinticuatro horas de cada día, lo que llaman noche –él está ahí- y lo pueden ver por medio de la Luna. Lo acusan de producir enfermedades como cáncer de piel, quemaduras, deshielos, etc. La realidad es que el Sol no está generando lo anterior, lo que sucede es que se ha modificado el cuerpo de la Madre Tierra, específicamente la capa de ozono. La responsabilidad de ello es de ustedes los Seres Humanos a través de sus pensamientos negativos.

Los invitamos a agradecer a la Madre Tierra y al Sol, cada mañana, el amor incondicional que les brindan.

Ahora nosotros agradecemos a Martha la canalización hecha para este Tratado de Ángeles, hemos estado en contacto con ella muchos años y está realizando una gran labor, a través de los talleres que imparte junto con su equipo de trabajo, sobre el conocimiento plasmado en este libro. La amamos y bendecimos, amén.

Recomendaciones de desarrollo humano CEDESER

Especialidad en el desarrollo humano para Despertar la conciencia (276 horas)

Talleres

1. Desarrollo para una vida plena
2. La magia de un mundo invisible
3. Descubre tus cuerpos y sus maravillas
4. El regalo "El arte de sanar"
5. El amor de "Dios" en tus manos
6. Salto cuántico espiritual
7. Tecnología interior "Precipitación"
8. El placer de amar

Talleres especializados para niños y padres

- Conociendo a mi bebé
  (para papás que tengan bebés de 0 a 3 años, abuelos, maestros y psicólogos)
- Desarrollando mis inteligencias
  (niños de 6 a 9 años) (niños de 9 a 12 años)
- La magia de la vida entre padres e hijos
  (niños de 6 a 9 años) (niños de 9 a 12 años)

Talleres especializados para adolescentes y adultos

- Técnicas de meditación
- La pareja espejo de evolución
- La glándula pineal fuente de salud y rejuvenecimiento

·· 208 ··

- Evolucionando a través de mis talentos
- Vivir sin los riesgos del estrés
- Sanando profundamente mi niñez

Talleres especializados para formación de sanadores

- El Ser en tu Ser Sanador "Procedimientos"
- Clínica para Sanadores

Conferencias

Temas relacionados con el Desarrollo Humano

- Inteligencia Espiritual
- Creer en mí mismo
- Renueva tus lazos afectivos "con tu familia"
- Autoestima en los niños
- Culpabilidad de los padres y los efectos en sus hijos
- Cómo fomentar una disciplina positiva en casa
- Comunicación efectiva entre padres e hijos
- Los abuelos y el papel que desempeñan en la familia
- Límites con amor
- Integración Familiar
- Sabiduría para precipitar metas

Talleres para empresas*
Liderazgo con excelencia

Talleres

1. Desarrollo del Ser para líderes

2. Manejo de conflictos

3. Desarrollo de habilidades profesionales

4. La empresa y mis emociones

5. Obteniendo resultados

6. Vivir sin los riesgos del estrés

7. Mi proyecto profesional

Terapia scio antiestrés para empresas
Diseñamos talleres y conferencias a las necesidades de las empresas.

Terapias scio especializadas

(Para niños, adolescentes y adultos)

• Problemas de conducta

• Problemas de aprendizaje

• Liberación emocional

• Problemas de ansiedad

• Desarrollo de inteligencia, concentración y creatividad

• Problemas de bullying

Procesos de sanación energética con terapia scio incluida (Para niños, adolescentes y adultos)

• Enfermedades

• Problemas de pareja

• Depresión

• Drogadicción

• Problemas económicos

• Para fumadores

Publicaciones

La verdad absoluta del Universo. Martha Cervantes

Ángeles de los siete Rayos "Guía de sanación". Martha Cervantes

Visítanos en: www.cedeser.com o escríbenos a cedemar@cedeser.com

Agréganos a tus amigos en Facebook: /cedeser
síguenos en Twitter: @cedeserclinica y visita nuestro canal
de YouTube: cedeser

Clínica Especializada en el Desarrollo del Ser

Prolongación Aldama No. 73 Col. Paseos del Sur
Delegación Xochimilco C.P. 16010 México, D.F.

• • 211 • •

El despertar de la conciencia, se terminó de imprimir
en enero de 2016 en los talleres de impresión
Comunicación Gráfica, S.A. de C.V., Manuel Avila
Camacho No. 589-A, Colonia Santa María Aztahuacán,
09500, México, D.F. Tel. 5692-3202
E-mail: icomgraf@terra.com.mx
Para su impresión se utilizó papel bond ahuesado de
90 grs., en su composición y formación, realizadas
por computadora, se utilizó el programa In Design CS6
y tipos optima, Myriad y Zapfino.
El tiraje consta de 2,000 ejemplares.

Made in the USA
Coppell, TX
25 April 2022

77037474R00127